MANGA

MANGA 源内

イノベーター平賀源内の肖像

作・文　出川通
マンガ　REN

言視舎

1 まえがき

江戸時代中期の1700年代、日本は幕藩体制で鎖国を行なっていた時代ですが、藩という枠組みを超え、圧倒的な存在感をもって活躍した人物がいました。

平賀源内（ひらが・げんない）です。彼は時代の先駆者であり、日本のレオナルド・ダビンチとも称される日本史上でも数少ない万能の天才といわれます。

もっとも彼を単なるお騒がせ人間と評価する人がいるのも事実ですが、イノベーターとしてのエピソードは沢山あります。本書ではそれをマンガと文章で紹介していきたいと思います。

今はイノベーションの時代です。イノベーター源内の逸話を紹介すると、話を聞いていた学生や若手技術者の反応は大きいものがありました。このようなイノベーターのモデルが江戸時代に存在していることが、まずは大きな驚きであり、もっと早く（中高生の時代に）源内の存在を知りたかったという感想です。

そこで、特に現代日本の社会で要求されている、源内のなかの「イノベーター」部分を切り出してマンガ化してみました。イノベーターとはどういう存在かということが、具体的に理解できると思います。

本書の原作本は『平賀源内に学ぶイノベーターになる方法』（言視舎刊、2012）です。こちらは新しいことをやろうとする人たちへの応援本になっています。

なお、本書は平賀源内記念館の各種資料を提供いただき、ご助言を頂戴するとともに、砂山長三郎館長のご推薦をいただいております。ここに、こころより謝意を表させていただきます。

著者

第1章　日本初の博覧会

イノベーターとは新しいものごとを創りだすことで社会に役立つ人々のことをいう
なかでも江戸時代の発明家として有名な平賀源内はそう呼ぶのにふさわしい生き方をした人物である

西暦一七五二年（宝暦二年）
やあ ようやく着いたぞ
ここが出島か！
ザッ
ダッ
はやく入りましょう みなさん！
あっ 待て元内
平賀元内！

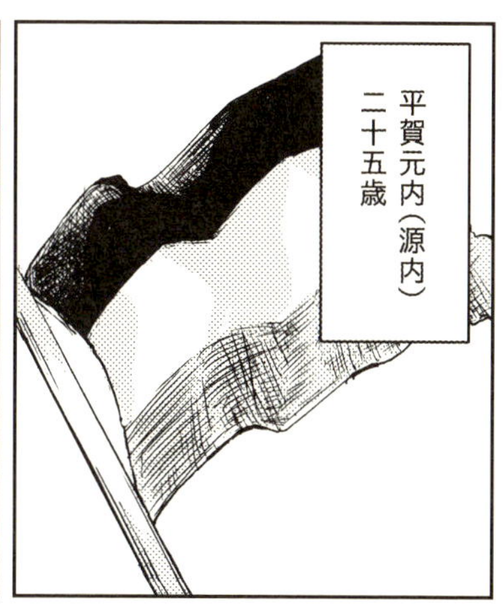
平賀元内（源内）
二十五歳

当時、高松藩に仕え
朝鮮人参の栽培に
成功した源内は

その功を認められ
長崎の出島への
遊学を許されていた

さすが出島だ
西洋の品が
山ほどあるのう
ええ
でも高くて
手が出せませんよ

あちらが
薬草の
取引所です
おお
薬草！
ほう

行きましょう
桑閑先生！
本草学こそ
私たちの領分ですよ！
ダッ

ゴン
んがっ!?
おい
気をつけろ!
あいたた……
ガシャッ
アチャー
ん?
おお!
これは銀の延べ棒か!
重い!
ほしい!
ほら
返してくださいよ
お侍様
こりゃ
オランダ行きの
積み荷なもんで
なんと!
その銀
全部輸出
するのか!?
これだけじゃ
ありませんぜ
ほれ
あのへんの箱
全部オランダの
船に積む銀さ

むう……
やはり薬草も値が張るのう
はい
これでは……
これでは銀を輸出するのもしかたないかのう
いいえ!!
それだけではありません!
西洋からの輸入品には羅紗や絵皿のようにいくらでも作れるものが多くあります!
それがどうしたのだね?
日本が輸出している銀や銅はいちど採ったら無くなってしまうのですよ!

どんな豊かな鉱山もいずれは枯れる
このままでは日本の資源が西洋に絞りつくされてしまいます

しかし
いったいどうしたら……
ムッ？
この草
讃岐の山で
見た覚えが
あります
本当かね!?

もしや
我々が知らないだけで
同種の薬草は
日本でも採れるのでは……
探してみよう
日本にどれほどの
物があるのかを
長崎遊学を通じて
得た着想は
源内の行動指針となる

薬草だけではない
鉱物や芸術品だって
国内でまかなえれば
いや、それどころか
輸出することだって

三年後（一七五六年）
源内は江戸で
本草家・田村藍水の
門下に入り
本草学の勉強を
続けていた
なに
本草の物産会？

いかにも
また急な
提案だね源内君
多くの人が
正しい知識を
持つようにすべきと
いうのが
先生の持論でしたね
日本に
まだ眠っている本草が
多くあるとも

なるほど
それで物産会か
悪くないね

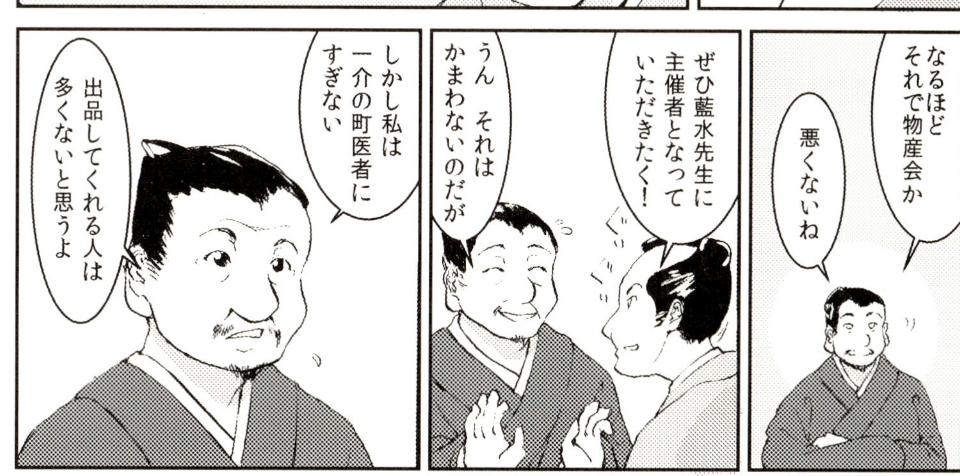
ぜひ藍水先生に
主催者となって
いただきたく！
うん　それは
かまわないのだが
しかし私は
一介の町医者に
すぎない
出品してくれる人は
多くないと思うよ

そこは彼に
助けを頼みました
スッ
桂川君！
父がいくつか
出品すると
約束してくれました

将軍仕えの医者が
出品してくれるなら
物産会にも
箔がつきましょう
父の同僚の
方々にもかけあって
出品してくれるよう
頼んでみますよ
それは
ありがたい

あとは会場が
必要なのですが……
わたしは江戸に
明るくないので
先生に心当たりが
ないかと
うん
探してみよう！

会場は以前に藍水が
治療を行った
湯島の料亭・京屋が
貸してくれることになった
しかも無料だ！

御殿医の面々が出品すると聞いて、町の薬種問屋もこぞって出品を申し込んできた
ズラ
器(会場)と中身(出品物)はそろった!
フッフッフッ
展覧会の成功は決まったようなものだ
一七五七年七月江戸の湯島、京屋にて薬品会が開催された
京屋
ミーンミンミンミ

出品者数二〇〇名
出展数一八〇〇種
当時の日本では
それまでにない規模の
薬草・薬品の物産会となった

なんとか
うまくいったな

ザワ
ザワ

やったね
大成功だよ
源内くん
いえいえ
先生のお力が
あってこそですよ

ぜひ来年も
薬品会を
開きましょう！
もっと
大きいの！
次はあまり
暑くない季節に
頼むよ

一七五八年四月
神田にて
第二会薬品会開催
出品者・出展数
ともに増えて
規模を拡大したぞ
よしよし

一七五九年
再び京屋にて
第三回薬品会開催
この回から源内が
主催者となる
もともと源内が
取り仕切って
いたものだしね

一七六〇年
源内が高松藩の仕事で
多忙のため
主催者を変えて開催

それでは
第四回薬品会の
成功を祝して一句
あらたまの～

いいぞ
いいぞ
ワイ
ワイ
ワイ
ワイ
ははは
ささ
どうぞ一杯

第三回の時に比べて
出展数が増えていない
来場者数も
頭打ちだな

どうしたんです
浮かない顔をして
いや
ちょっとね

もっと
人や品数を
増やしたいと
思ってね
江戸だけじゃなく
遠方からも人を
呼べればいいんだが
うーむ

それは……
無理ではないでしょうか
出展される品は
どれも家宝になるほどの
珍品ぞろいです
江戸の外から
安全に運ぼうとすると
金も手間も
かかりすぎますよ

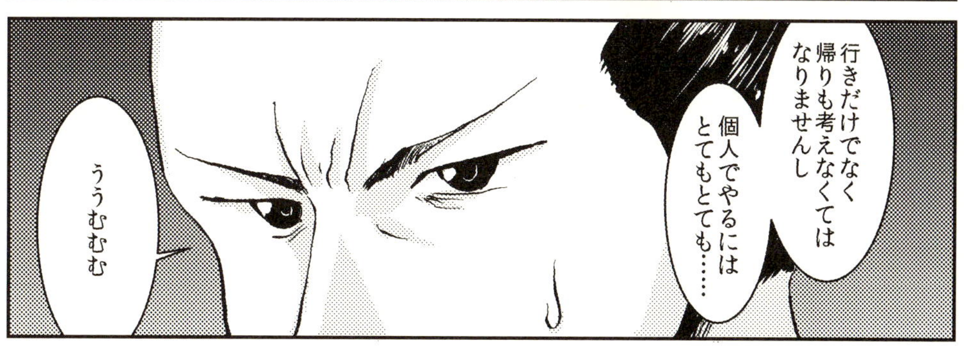
行きだけでなく
帰りも考えなくては
なりませんし
個人でやるには
とてもとても……
ううむむ

規模は今のままでもいいのではないですかね
そうですよ
現状でなにも問題はないわけですし
駄目だ!!
まだまだ足りていない!
物産会の目的はまだ一度も達せられていないのだ!
ただ集めたものを品評するだけの会では駄目だ
みなを驚かせ、目を開かせるものでなくては

そう、人々に
気づかせるのだ
日の本には
たくさんの資源が
眠っているのだと
我々が気づいていない
宝がまだまだあるのだと!

源内さん……
……と啖呵を
切ってみたものの
名案は浮かばない
さて
どうしたものか
ん?

これは
俳句か
懐かしいな
私も旅先で
よく詠んでいたよ
……
いや、待てよ
俳句では
たしか……
大会の時は……

これだっ！
ザバッ
これを使えば
江戸の外からでも
出展を募ることができるぞ！
俳句をですか!?
いったい
どうするというんです!?
いいかね
まず……
……

ええっ!?

無理ですよ
そんなの
無理ではない
今から急げば
間に合う！
行くぞ！
ダッ
ほんとうに
今から!?

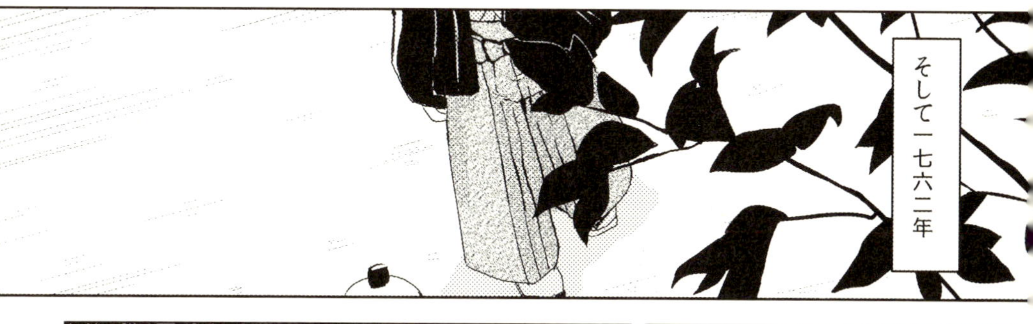
そして一七六二年

「第五回東都薬品会
ぜひともご来場ください」
「平賀源内より」

昔の同僚まで
招待するとは
律儀なやつだ
人が来なくて
困ってるんじゃないか

薬を並べるなんて
辛気くさい会じゃ
人気は出ないさ
まあ覗いて
みようじゃないか

あっ！
こ これは！

ワイワイ
ガヤガヤ

こりゃ
たまげた
まるで祭みたいな
賑わいぶりじゃないか

驚いてくれた
ようだね

源内!
呼んだかいが
あったというものだよ

いやすごい
じゃないか
こんなに
人を集めるなんて
なにせ日本中から
集まっているからね
日本中から!?

いったいどんな
手品を使ったんだい?
ふふふ
手品の種は……
スッ

これさ!
俳句?

知っているかい?
俳句には「連」という
仕組みがあるのさ

連とは
同好の士によって
つくられる
互助組織のこと
各地の連が
協力しあうことで
俳人は句を
全国に発表できる
俳句の大会では
連を使って
あちこちから作品を
集めるのさ

その仕組みを
薬品会の出展品集めに
応用することにした
全国各地に
取次ぎ所を
開設！
日の本のどこからでも
気軽に出展できるような
仕組みを作ったのだ！

事前に取次ぎ所に
出展する品を
預けてもらえば

貴重な荷物を
抱える心配をせずに
江戸まで旅をできる

そして会場に
着いたときには
出展品はすでに
届いているって寸法さ

もちろん
帰りの便も
同じように
請け負う
薬品会の終了後
すみやかに
最寄りの取次ぎ所まで
送り届けると
約束しているのだ
はああ
よくそんな
資金があったな？

資金は商店からの
広告料でまかなったよ
招待状に広告欄が
あっただろう？
そういえば

既存のものを
発展させて
新しいものを
生みだす
これこそ
平賀源内の
真骨頂である

見事な景色だね
源内くん
桑閑先生

どうだい
見つけたいものは
見つかったかい
そうですね……

私がいちばん
驚かされましたよ
日の本がこんなに
たくさんのもので
あふれていたなんて

第五回東都薬品会では
それまでを大幅に上回る
一三〇〇種類が出品された
これは当時としては
画期的な規模の
物産会であった

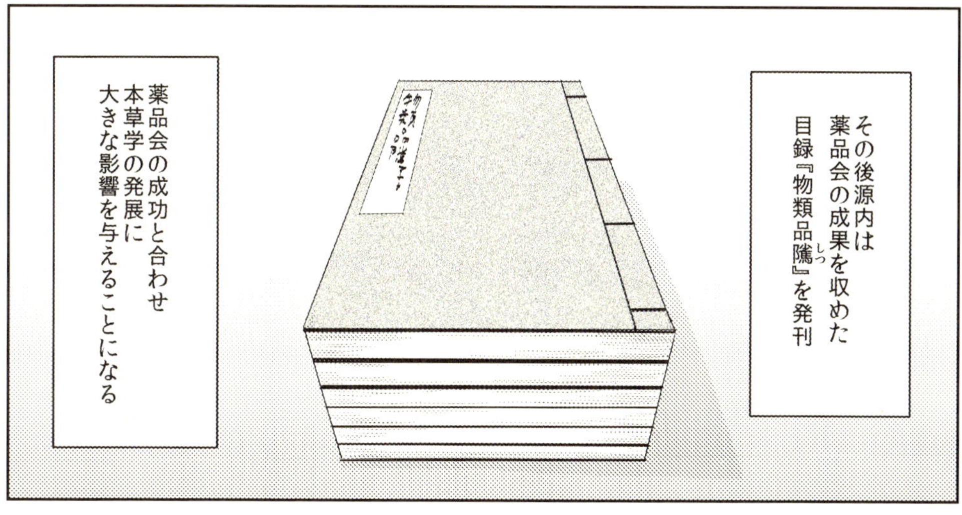
その後源内は
薬品会の成果を収めた
目録『物類品隲』を発刊
薬品会の成功と合わせ
本草学の発展に
大きな影響を与えることになる

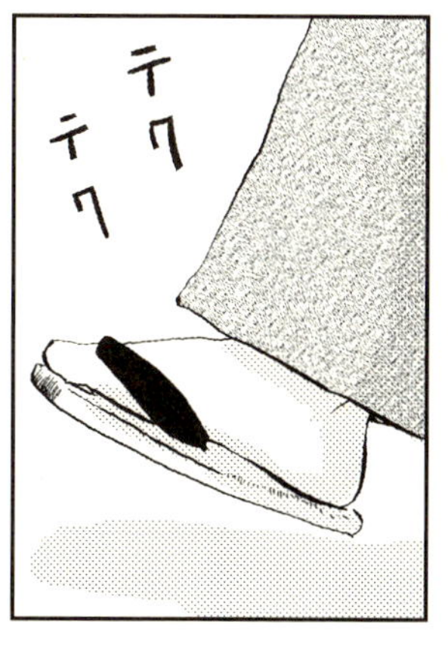
テク
テク

源内さん
もう出発するのかい
うん

日の本にあれだけの
ものがあると知ったら
いてもたってもいられなくなってね
いろいろ
見て歩くことに
したんだ

ひさびさに
好き勝手できる
時間だ
わくわく
してきたぁ
新しい価値あるものを
創りだし、社会に広める人物を
イノベーターと呼ぶ

現代では多くの人が
イノベーターとしての
働きを求められている
そうした中で、
江戸時代にイノベーターの
模範となる生き方をした
人物が存在した
その人物こそが
平賀源内
イノベーター
平賀源内である

第2章　イノベーターとしての平賀源内〈解説編〉

1 「イノベーター」ってどういう人？

イノベーションという言葉はわかったようでわかりにくい面があります。本書では、**世の中に存在しない、新しく価値がある商品や事業の創出をイノベーション**と呼びます。もちろんイノベーションは自動的には起こりません。試行錯誤を重ねながら**事業や商品を創出して生み出していく人材**をここでは「**イノベーター**」と称してみました。

少し専門的にいうと、世の中にイノベーターの定義はいろいろあります。本書では、理系の視点を中心にしていることをご承知ください。なぜならば、筆者は日本のこれまでの成長と豊かさの実現を支えた一つの大きな要因が、ここにあると信じているからです。

多くの企業や大学でおこなわれている研究や開発の成果が実用化され、事業化されること、すなわち世の中や顧客にその価値が認められ、実際に役に立つところまで持っていくことは、そう簡単ではありません。そこではイノベーションを実現する人材の存在が語られます。

具体的に言うと、実用化を実現する人は、もう一歩踏み込んだところまでを実践しているのです。その実践のなかでは、多くの失敗を重ねながら成功していくことが通例となっています。トライアンドエラーを繰り返すわけですから、そういう人材は現実の世の中や企業のきっちりした枠組みのなかでは、なかなか認められることが難しかった面がありました。

図1は、新事業などの創出のときに使われるMOT（技術経営）をベースに、研究、開発、事業化、産業化という4つのステージの概念と、本書のイノベーターの位置づけを明確化したものです。いわゆる発明家や事業家の範疇とも重なりますが、「死の谷」をこえるところに位置します。

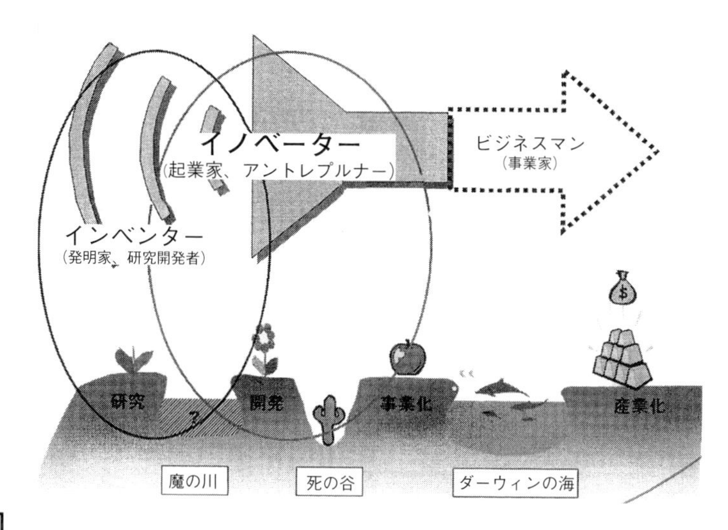

図1

そのような視点で平賀源内を見ていくと、世の中で必要とされるイノベーション実現のための行動が見えてきます。彼の行動を貫いているのは、当時（江戸時代中期）の日本の危機的状況を打破するため、日本古来の資源や技術を活用して役立たせるということでした。まさに先駆者であり、イノベーターの活動であるといっていいでしょう。

それが人々のこころを打ち、彼を人気者にしたのです。それはまた、今の日本に必要なことと重なっています。源内の実践と考え方から学ぶべきことが山ほどあることに、気づいていきたいと思います。

2 「イノベーター」源内の業績

平賀源内は、海外や日本のなかのいろいろなものを組み合わせて、世の中にない価値を創りだしてきました。いわゆる現代に通じる先読みという点からいうと、多数の功績が残っています。**図2**と**図3**は事業化に伴うステージ分けと彼の業績です。彼の活動範囲と成果を分類して示してみましょう。

多岐にわたる彼のイノベーションの成果は驚異的ですが、実際の事業化にあたっては、試行錯誤の結果として未完成なところもあります。

(A)「**研究ステージ**」での源内：ここの人材は科学者、研究者、発見家といわれます。源内は各種薬草の発見、鉱石（亜鉛鉱、芒硝）の発見、東都薬品会の開催と目録の作成などがこのステージのものといえます。

(B)「**開発ステージ**」での源内：ここは技術者、開発者、発明家が活躍します。長崎で見た西洋のものをベースに自分で工夫して性能を出現させる開発事例です。量程器（万歩計）などの測量機器、磁針計、寒暖計などがそれです。

(C)「**事業化ステージ**」での源内：開発した品物（製品）を世の中の役に立つ商品にしていきます。イベーターの役割はここまでです。源内の記録には、途中で挫折したものも含めて多くの知恵と実践が詰まっています。秩父の金銀、銅鉄などの鉱山事業、源内焼、エレキテルの改良とそれを使った興行、大型風船（熱気球）、毛織物製造、炭開発流通事業、金唐革紙、源内櫛など多岐にわたります。

図2 イノベーターの位置づけと平賀源内

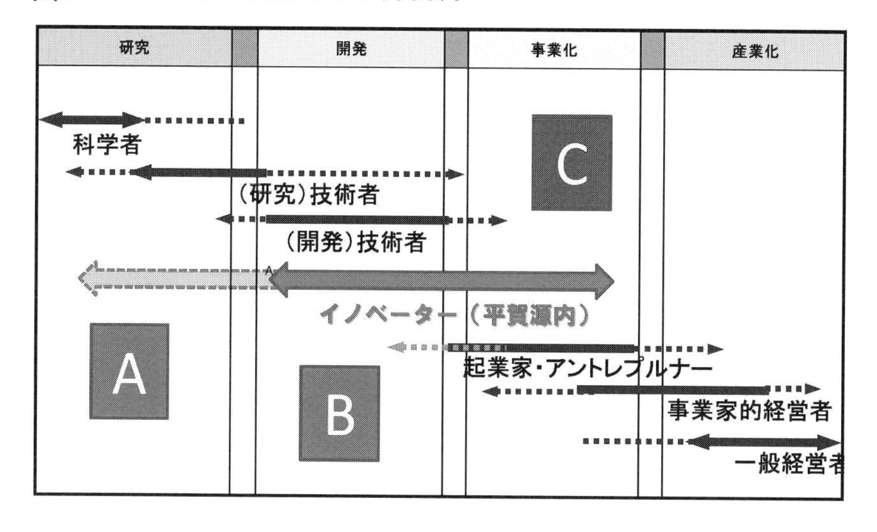

図3 平賀源内のイノベーションほかの実践内容(業績)一覧

技術者としての成果(A, B)	イノベーターとしての成果(C)
・量程器	・源内焼
・磁針計	・金唐革紙
・寒暖計	・源内櫛
・静電気発生装置エレキテルの復元改良	・朝鮮人参栽培
・竹トンボの発明者、史上初のプロペラ	・静電気発生装置エレキテルの興業化
・亜鉛鉱発見	・火浣布
・芒硝の日本での発見	・毛織物製造
・源内凧(相模凧)	・金山事業
・大型風船(熱気球)	・鉱山開発事業
・ライター	・炭開発事業
・金銀製錬(技術指導)	

3 イノベーター、技術者としての日本各地の鉱山開発実績

源内は1771年から1772年にかけての第2回長崎遊学の帰途、1年程大坂に滞在し、**摂津多田鉱山**（現：兵庫県猪名川町、秀吉の時代の御台所といわれた銀山）を調査しています。今でも源内が指導したといわれる水抜き穴、坑道が残っています。**大和吉野の金峰山**では金の試掘を計画したという言い伝えが残っています。

1773年には、銅山経営に行き詰まった佐竹藩（秋田）が、実績のあった平賀源内を同藩の**阿仁鉱山**に呼んでいます。精錬法を聞き、灰吹き（金・銀絞り）をきちんと行なっていない秋田の製錬法の問題点を見抜き、このままでは銅のなかに金や銀が残ってしまうことを指摘しました。

莫大な利益が藩にもたらされると、殿様の佐竹藩主は大喜びで報酬をだすことになります。

また、院内銀山（現・秋田県雄勝郡雄勝町）には、「平

鉱山関係のイノベーターとしての平賀源内について述べてみましょう。源内が主催した博覧会で、収録した物品の半分程度は鉱物です。鉱物の重要性がわかります。化学がまだまだ発達していないこの時代、本草学には鉱物が含まれており、当時の重要な薬の原材料が、植物（薬草）と鉱物（自然鉱石）にあったのです。

源内が鉱物に力をいれたもう一つの大きな理由は、国内の資源流出に対する危機感だと推定されます。国内にないはずはない（輸入は不要）という意識です。ここでは各種鉱物を探索し、製錬し、事業にするというプロセスについて、スポットをあててみます。

秩父において、古い金鉱山を再発掘して始めた（1766年）採金事業は、最初の収穫の「吹初金」などは、見本として説明書をつけて生家へ送られています。

賀源内らが訪れて数日逗留し、鉱石の採掘法・製錬法などを伝授していった」という意の文書が残されています。

ここで、源内の日本における活動地図を**図5**として示しておきます。鉱山関係ほかの源内が活動した場所や主要都市なども併記してありますので、参考にしてください。

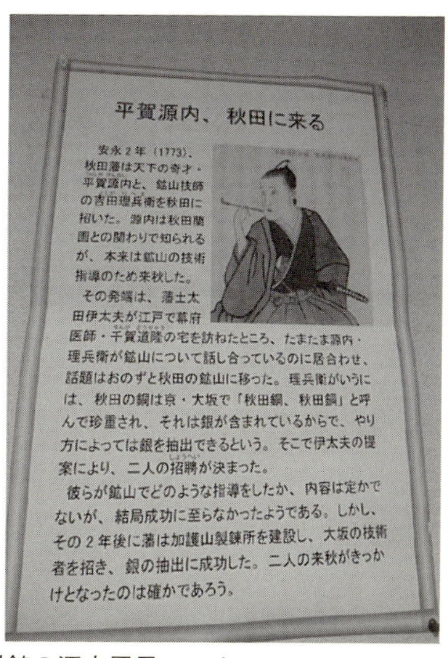

図4　阿仁銅山と院内銀山、それぞれの資料館の源内展示コーナー

図5　平賀源内の活躍場所

□は鉱山関係の場所
＊江戸地域は57頁、＊＊高松地域は55頁参照

4 空飛ぶもの、竹とんぼと熱気球

竹とんぼは、竹と小刀があれば細工ができて遊べるすぐれものです。はっきりとした起源や記録は残っていませんが、平賀源内が発明したといわれています。一説には12歳のころの話ともいわれています。名前の由来としては竹で小さな棒が飛ぶことから、「竹トンボウ（飛ん坊）」とか「竹トンボ（蜻蛉）」と呼ばれるようになったとのことです。

大型風船（熱気球、飛行船、**図6**）について、みましょう。源内の発明のベースには、日本特有の紙、丈夫な和紙の技術があったのです。今でもその原型を源内が指導したとして、秋田の上桧木内地区で、紙風船上げという伝統行事になっています。毎年2月に、和紙をベースにした熱気球が、たいまつの炎で加熱されながら雪の夜空に舞うという幻想的な世界です。

最初は小さかったのでしょうが、だんだん巨大化したと思われます。江戸時代に源内が、阿仁銅山の技術指導に訪れた際、遊びとして伝えたとも言われています。

現在、院内銀山と阿仁銅山を結ぶ街道を「源内街道」と呼ぶように、源内はしっかりと伝説になっています。

図6　大型紙風船の実物（秋田の風船展示館）

5 西洋測量器具の国産化

「量程器(りょうていき)」(図7)は、源内28歳(1755)のときの作品で、現在では「万歩計」などと呼ばれるものです。長崎遊学で得た知識をもとに、腕時計の自動巻きなどと同じ原理で、一歩ずつの振動を歯車でカウントするものです。余談ですが、その後、江戸時代後期には伊能忠敬(1745~1818年)が日本地図の作成用に「量程車」という計測器と「歩度計」という歩数計を使用しました。

磁心計(磁針器、磁針箱)は、磁界の方向を指し示す針状の方位磁石といってよいでしょう。メカニズムは中央に支点を置いて、水平に自由に回転する磁石の動きによって方位を知るのです。現在の羅針盤ともいえ、測量するときの基本となる南北の方位を知る装置です。

量程器と同様に高松潘の家老にたのまれて独力で制作することに成功したとされています。発明品というよりは、長崎で勉強のために西洋の磁針器に出合い、さわったりして内容を考え、工夫して数年かけてつくったのでしょう。

平線儀(へいせんぎ)」(図7)と呼ばれる水平を出す測量用器具は、35歳(1763)のときに作り、高松藩家老に渡したといわれます。明確に作成日時が源内の銘とともに記された写真が残っています。しかし実物は第二次世界大戦の高松空襲で焼けてしまいました。原型は源内が生んだものか長崎や蘭書からヒントを得たものかはわかりませんが、いわゆる水平測量用のレベル合わせの器具です。

寒暖計、タルモメイトル(温度計)は40歳(1768)に実際に製作し、わが国初のものと考えられています。残念ながら解説書以外に現存する現物はなく精度の検証は難しい状況です。当時はタルモメイトル(寒熱昇降器)と呼び、源内はオランダ製の寒暖計を見て、簡単に作れると言っていたものの現実には3年ぐらいかかったようです。
　ガラス管に薬品を入れ、華氏の温度目盛りを振ったもので、これを解説書と一緒に知人に配布した記録があります。

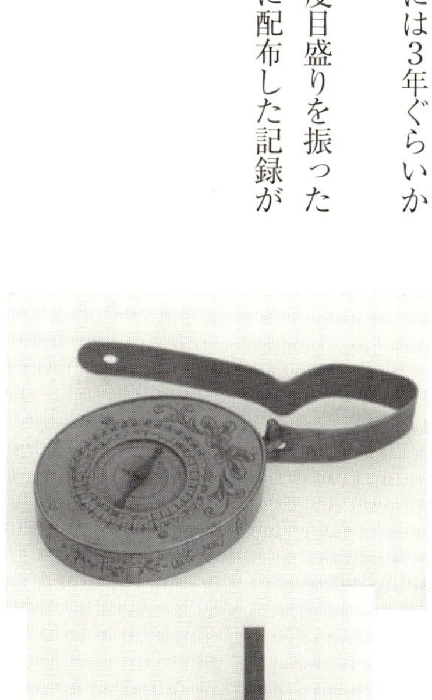

図7　量程器（上）と平線儀

6 陶器は源内の原点——源内焼と陶器工夫書

　源内が各種鉱物や陶器に興味を持っていたことの理由のひとつに、幼少のころの香川での修業（土いじり）があげられます。とくに作陶については、**陶村**（すえむら）で指導を受けたことで、原料の調達から配合、造形、仕上げ、焼くことまでこなし、定評を得ていました。
　源内は長崎で、西洋や唐の高価な陶磁器を日本の大名や商人がどんどん輸入している一方で、日本の伊万里、唐津焼きなども西洋に輸出されていることを見聞しました。源内はこの経験を『陶器工夫書』という提案書にまとめています。《我が国の焼き物を天草の土でもって、既存の技術を使って絵柄を工夫して作れば、輸入の必要はなくなる、さらにこれは、どんどん諸外国へ輸出できる》と考えたのです。
源内焼（**志度焼**（しどやき））は、緑、褐、黄などの鮮やかな3

色の発色を特徴としていました。技術的には、ハイカラ色の釉薬のイメージを出すことができる中国の華南（かなん）三彩（さんさい）と類似したもので、軟質の施釉陶器（せゆうとうき）です。当時オランダから入手したであろう世界地図、日本地図や欧文文字などからとったと思われる斬新なデザインが多用されています。これらはすべて型を使ってつくられ、量産化の工夫も試みられています（図8）。

源内焼は、現在では各地で特別展が開催されています。稀少価値があり、結構な価格で取引されます。源内の作品としていまだに異彩を放っていて、興味は尽きません。

図8 世界地図が描かれた源内焼

7 薬草園と薬は源内の十八番

本草学は、もともとは**薬草学**であり、人間の生死を握るような重要な学問のひとつでした。源内は一時、高松藩の薬草園の管理者に任じられ、さまざまな本草学の基礎的修業を積んだのです。現在では残念ながら当時の薬草園はなくなり、栗林公園（**図9**）内に百花園と呼ばれる跡地が残っているだけですが、当時を偲ぶことができます。

源内は、ハゲキテン等を日本国内で発見したといわれています。ハゲキテンは彼の地元の香川県（大川山山麓）で発見しました。徳島文理大学の薬学部は彼の出身地である香川県志度にあります。同大学の植物園では、彼が香川県で多くの薬草を採取して竹節人参（チクセツニンジン）や釣藤（カギカヅラ）、黄連（オウレン）などを栽培しています。

また、平賀源内記念館の旧館（生家と言われている）にある庭の薬草園には、彼が紀州で発見したホルトの木があり、昔日の面影を今に伝えています。この記念館には彼が使っていた薬研（やげん）と薬たんすが保存されています。

また、源内がサトウキビの栽培と砂糖の製造方法を『物類品隲（しつ）』で紹介したため、香川県の特産品として「讃岐の三白」の一つと言われる和三盆糖が定着することになったといわれています。

図9　栗林公園の全景

8 源内の発見した温泉――みかど温泉、船原温泉

平賀源内と温泉について、いくつかのエピソードがあります。当時から温泉成分は薬効成分として知られていて、この知識は広い意味の本草学にもふくまれます。源内は地元（香川県）の温泉と、伊豆の温泉（芒硝泉）の発見に深くかかわっているので、この二つの温泉を紹介しましょう。

まずは香川県の**みかど温泉**とその効用です。「みかど」とは「美霞洞」と書きます。源内がその効用を認め絶賛したといわれます。実際に1762年、江戸・湯島で開かれた「五回薬品会」（源内が主催した物産会）にこの湯を出品したと記録があります。

「讃岐阿野郡川東村、奥林にて石壁あり、高教丈余にして水石間より滴出す、土人石の乳と号す、火傷に塗て治すこと神のごとし云う、最即ち地脂なるべし…（土地の人は「石の乳」と呼んでいる。やけどに塗ると、その治ることは神業のようだ）」（源内著『物類品隲』）。

薄く濁っており、若干の硫黄臭があります。

伊豆のど真ん中にある修善寺から西伊豆へぬけるところに船原峠があります。源内はここで芒硝を発見したといわれています。温泉の蒸気の凝集したところに芒硝が析出していたともいわれます。この付近が**船原温泉**（ふなばらおんせん）であり、そこの案内には下記のようなことが書いてあります。

「硫酸塩泉の湯は、リウマチ、高血圧、慢性皮膚病などの諸病に効能を発揮すると言われ、芒硝の産地としても知られており、徳川十代将軍・家治の時代には、幕府の命を受けた平賀源内がその採集にあたっていたと伝えられています」

まさに効能豊かな芒硝温泉です。

第3章 「理科少年」時代の源内

絵の中の
天神さまに
お酒をそなえると……
パッ

これこの通り！
顔が
赤くなったぞ
おおおお
絵の中の人が
酔っぱらうとは

平賀四方吉
（のちの源内）
十一歳
独自のからくり（仕掛け）を
作るなど大人をも驚かせる
才能を発揮していた

工作を得意とし
絵や細工仕事も
器用にこなした
すごい
子供だな
特に作陶は
材料の調達から完成まで
行なえる技能を
身につけていた

これはアブラナ
こっちはホトケノザ

医師の久保桑閑のもとに預けられ、本草の知識を吸収していった
熱心な子だ

四方吉
これをあげよう
本草の図鑑だ
やった！
ありがとう桑閑先生

きみを見ていると
なんにでも
わくわくしていた頃を
思い出すよ
「わくわく」？

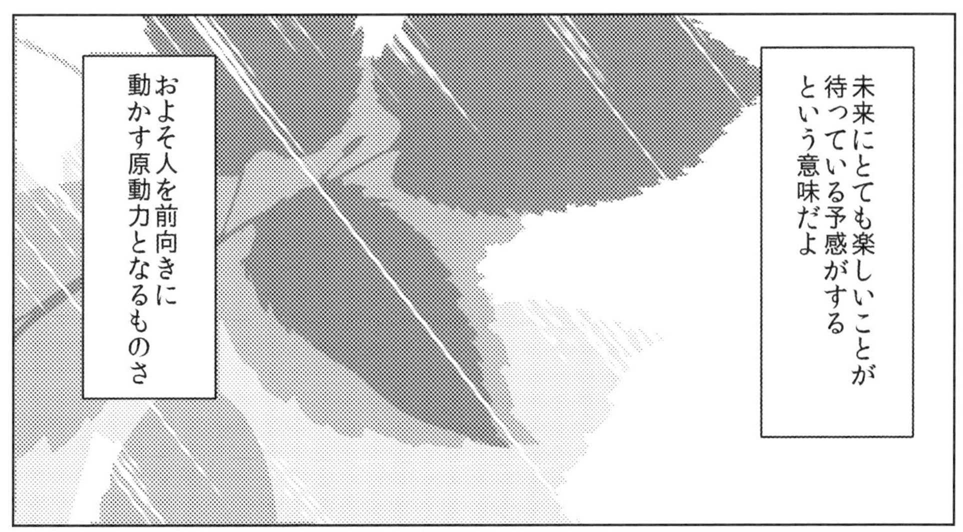
未来にとても楽しいことが
待っている予感がする
という意味だよ
およそ人を前向きに
動かす原動力となるものさ

どうやって
こんなところ
見つけたんだよ?
あちこち
行ってるうちに
たまたまな!

うわぁ
すごくきれい
手前の海が瀬戸内海で
向こうの陸地が播磨藩
その先には
また海があって
海の向こうには
外国があるんだ

でも
外国なんか
行けないだろ
長崎ってところなら
外国のものが
手に入るんだって
いつか
行ってみたいなあ

一七四九年
（源内二十二歳）
父の死とともに
高松藩の
蔵番の仕事を
うけつぐ
本草学？
ああ
殿が本草学にご熱心でな
薬草園まで作られたらしい
高松で栽培するのに
適した作物を
探しておられるとか
これは
本草の仕事に就く
絶好の機会だ
蔵で帳簿を
つけ続けるより
ずっといいぞ
その仕事
わたしに斡旋して
いただけますか
是非に！
グィ
グィ
いちおう
話してみるよ
源内は藩の薬草園で
働く機会を得、
朝鮮人参の栽培を
はじめて成功させた

この功績によって
源内は長崎遊学を
認められる

長崎での滞在中、
日本の資源が
大量に流出していることに
衝撃を受ける
これ以来
日本の資源を探すことは
源内のテーマとなる

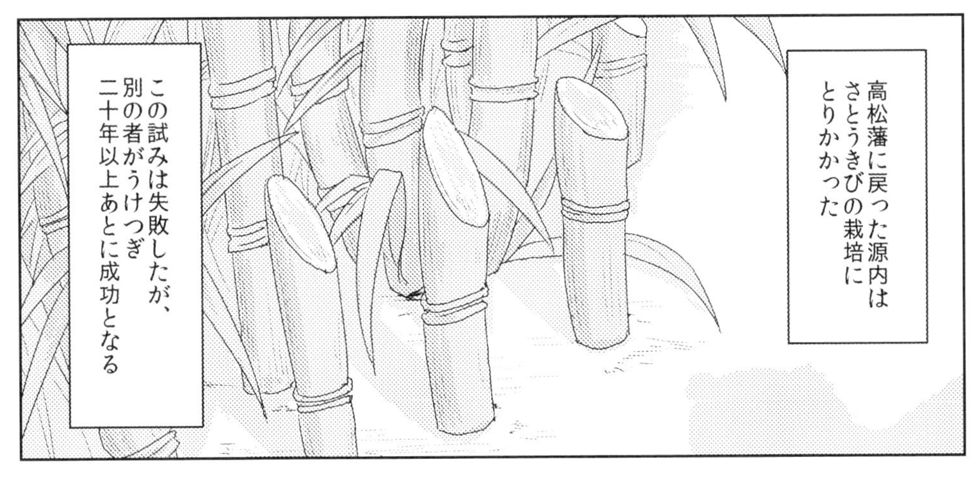
高松藩に戻った源内は
さとうきびの栽培に
とりかかった
この試みは失敗したが、
別の者がうけつぎ
二十年以上あとに成功となる

おい源内
藩主様がお前を
お呼びだ
えっ？

今すぐ向かうんだ
くれぐれも
粗相のないようにな
グイ
グイ
わかってますよ
信用ないなあ

そなたの仕事ぶりは
なかなか素晴らしい
しばらく
私の仕事を
手伝ってくれ
は
はい

源内はその後しばらく
藩主の標本作りの手伝いや
貝類の調査などの
仕事をこなすことになる
藩主からは気に入られたものの、
それが源内の行動の
自由を制限することになった

そして一七六一年
いやめでたい
めでたい!
四人扶持とは
目覚ましい
出世だな源内
ははは
どうも

失礼
ちょっと席を
はずします

最近の仕事は
藩主様に言われたことを
やるばかり
これでは
なんのために
就いたのか
わからないな

いや……そもそも
なぜ本草の仕事に
就きたがったのだ?
ただ蔵番がいやで
他の仕事が
やりたかっただけなのか?

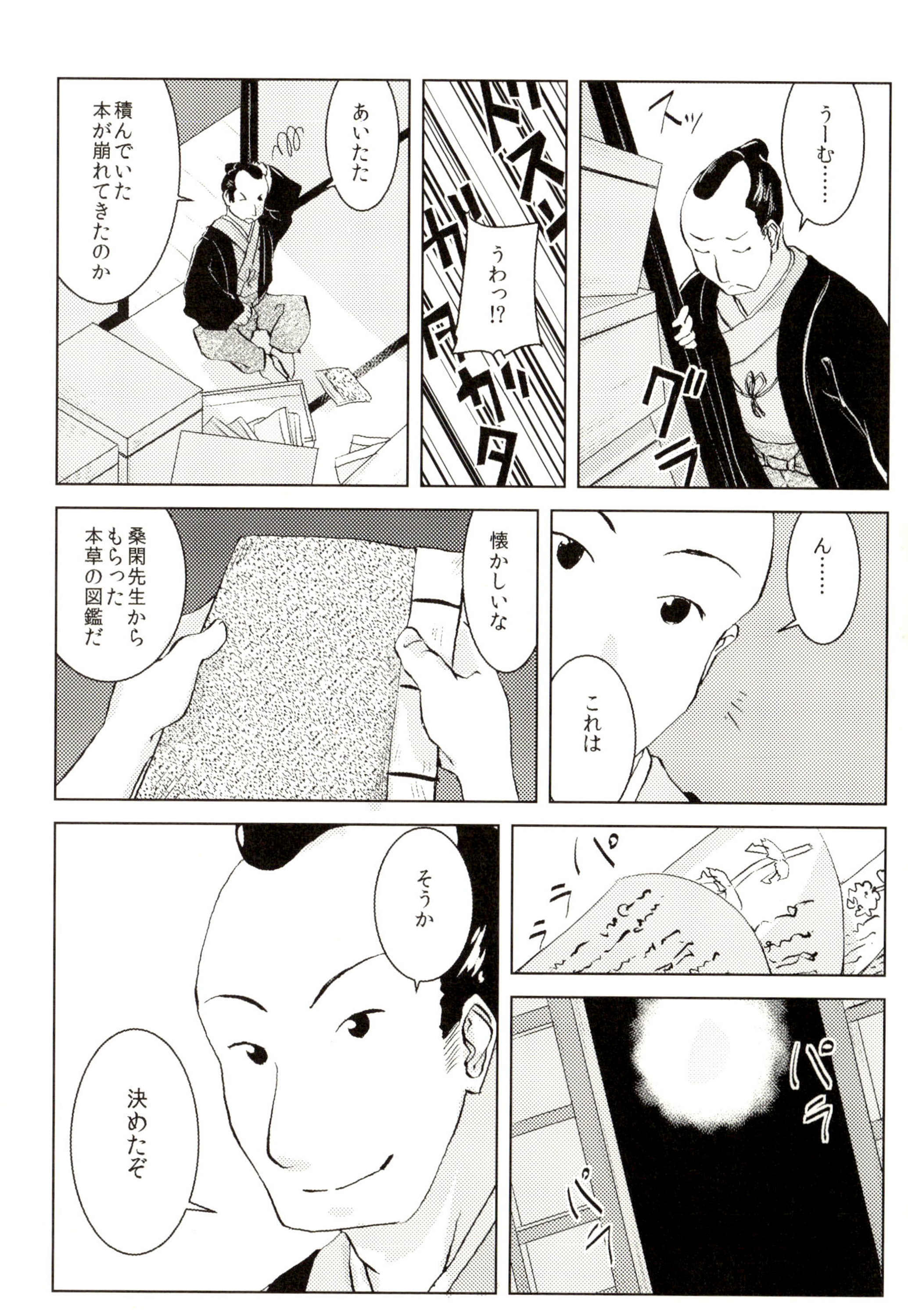
うーむ……
スッ
グラ
ドスッ
ガシャ
ドカカ
ガタ
うわっ!?
あいたた
積んでいた
本が崩れてきたのか
ん……
これは
懐かしいな
桑閑先生から
もらった
本草の図鑑だ
パラ
ラ
ラ
パラ
パラ
そうか
決めたぞ

宴もたけなわですが
皆さま！
わたし平賀源内は
藩を辞めることにいたしました！

えええええええ
いきなり
なんだ
何考えてやがる
こいつは
まあまあ

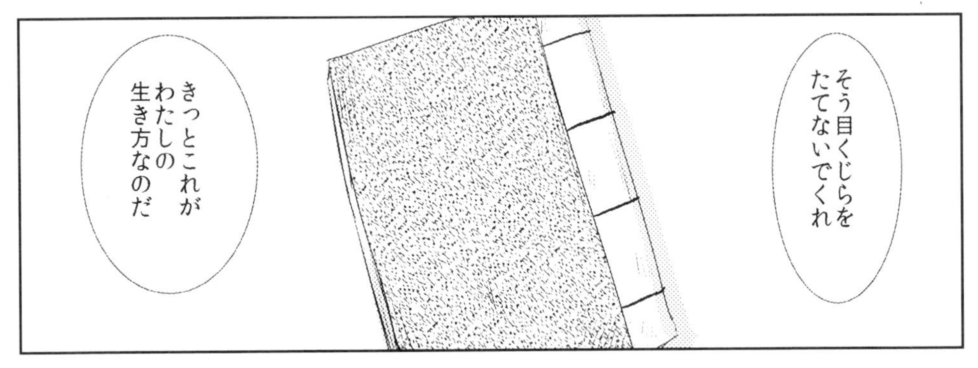
そう目くじらを
たてないでくれ
きっとこれが
わたしの
生き方なのだ

子どもの頃からずっと
わくわくすることを
追い求めてきました
それは
与えられるのではなく
自分で見つけるしかないと
わかったのです

君には
周りの人々もともに
楽しませる才がある
一人よがりにならず
みなの役に立つことが
君ならできるだろう

江戸での活躍を
楽しみにしているよ
ありがとうございます
桑閑先生

その後源内は
正式に辞職ねがいを出す
届けは認められ
源内は浪人となって
江戸に旅立つことになる

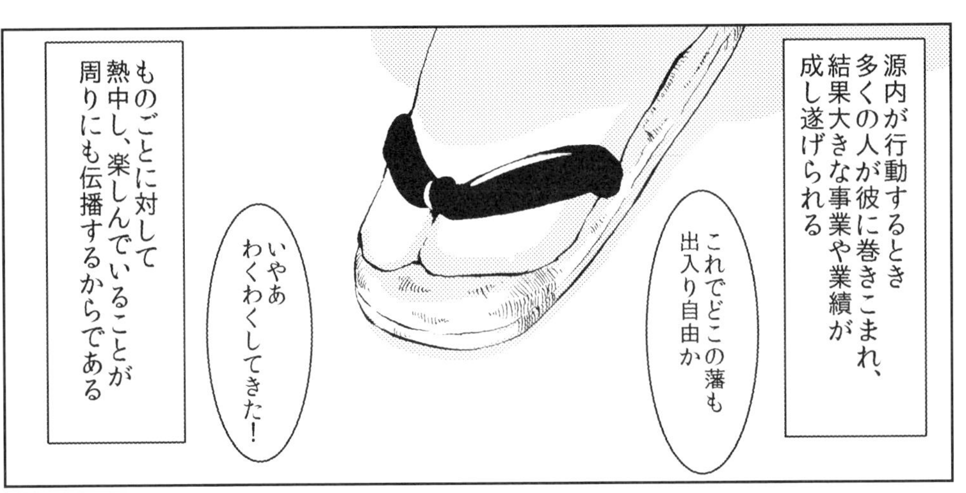
源内が行動するとき
多くの人が彼に巻きこまれ、
結果大きな事業や業績が
成し遂げられる
これでどこの藩も
出入り自由か
いやあ
わくわくしてきた！
ものごとに対して
熱中し、楽しんでいることが
周りにも伝播するからである

何かに熱中すること
楽しみ、未来に胸を躍らせること
それこそが源内の持つ
生来の強みであり、
待っておれ
江戸よ
いま
平賀源内が
そっちにゆくぞ！
江戸の世にイノベーターとして活躍する
原動力だったのである

第4章　自立力とネットワーク力〈解説編〉

1 源内のキャリアアップとイノベーターとしての一生

ここで、平賀源内の一生を順を追って整理してみましょう。まさに現代で言うキャリアアップの経歴であることに気がつくでしょう。

1728年、讃岐国志度浦（香川県さぬき市）で下級武士の三男として生まれた平賀源内は、身分は低いものの幼少の頃からその才能を高く評価され、本草学をはじめ、さまざまな知識を学ぶ機会に恵まれています。21歳で家督を継ぐと、24歳のときに長崎遊学を許され、源内はここでオランダ語や本草学、医学、油絵などを学びます。**図10**には平賀源内の生まれ育った家と銅像、**図11**には香川県における源内の生誕地ほかの活動場所を示してあります。

1756年、江戸に出た源内は、本草学の大家・田村藍水の弟子となり、翌年、湯島で日本初の本草学の物産博覧会「東都薬品会」を開きます。そして、それがきっかけで源内は多くの人に巡り会い、彼の後半生の活躍の基礎を築いていきます。

33歳で、藩とうまく関係をつくりながら独立します。その後は幕府や他藩をうまく使い・使われながら、飛翔期として活躍していきます。40歳からは事業家志向の拡大があり、埼玉県の秩父や秋田の院内銀山や角館、関西では摂津多田銀山などでも活躍します。エレキテルで江戸の話題をさらったのもこのころです。

52歳で不幸な刃傷沙汰で獄死したといわれていますが、一説には相良地方で、隠遁した源内が長寿を全うしたという庶民伝説もあります。

図12には人生のフェーズ（PH）として5つの時期に分類してその内容をまとめてあります。また**図13**には江戸における源内の活躍した関係場所を示してあります。

図 10　平賀源内の生まれ育った家と銅像（現在、平賀源内記念館［別館］）

図 11　香川県における源内の生誕地ほかの関係場所

図12 イノベーター平賀源内の一生（キャリア・ステージ）

	源内の所属・状況	源内のキャリアアップ履歴
PH-1 （誕生―23歳）	高松藩の下級武士の長男として、父親のお蔵番の仕事を継承	高松藩の藩医や漢学者、製陶家など一流の人に学ぶ。本草学が主流であるが、俳諧グループに属したりして多才な基礎を築き、藩主にも目をかけられる
PH-2 （24―32歳）	お蔵番を退役、高松藩に属しながら、長崎、江戸と大きく飛躍	長崎への1年間の留学・派遣生として、西洋の近代科学技術に触れる。帰藩後は藩の薬草園の管理、西洋からの機器を試作する。その後江戸遊学、日本で最初の博覧会を開催
PH-3 （33―40歳）	藩から自由になり、幕府、他藩とも連携しながら各種分野へも横展開	藩を辞職して、独立。幕府の芒硝御用やアルバイトを多くこなしながら、大型の博覧会を主催し、その成果を書籍として完成。新しい事業のネタを探して各種の事業化のスタートを行なう
PH-4 （41―52歳）	それまでの技術、ネットワークなどの集積を生かした大型の挑戦の実践途中で、52歳で没	秩父で本格的な鉄製錬事業開始、炭焼きで事業化。関西、秋田で鉱山開発のコンサルタントなど実施。エレキテルを完成させ興業化に成功
（死後伝説） PH-5？ （53―80？歳）	（生き延びたという伝説のもとでは相良地方で隠遁生活し長寿を全う）	（田沼意次、杉田玄白などの庇護のもと、隠遁生活、地元に対して各種技術指導などを実施したとも伝えられる）

図13　江戸における源内の活躍した関係場所地図

2 組織・体制との関わりと独立・自立

新たにイノベーションを起こすための究極の体制は、自立して会社や組織の枠を出たところにあります。そこに自分の能力を拡大する場があるのです。

源内の場合も、藩（組織）と自分の限界線の交差する時期や区切りの時がありました。家督を妹婿に譲ったときなど、何回か自分の道を切り拓こうともがいていました。組織からの卒業の区切りは32歳の時だったのです。

源内の〝脱サラ〟は、成功だったのでしょうか。個人の自己実現と自立・自律の両面から検討してみましょう。源内は二度にわたって藩に正式な辞表を出しています。

① 長崎留学の後に藩の役目を辞し、妹に婿養子を迎えさせて家督を整理（28歳）

② 藩主の補佐をしながらも、藩をやめる機会を見計らい円満に離藩（33歳）

いずれにせよ、もし独立していなかったらマルチ人間の平賀源内は後世に残っていなかったはずです。エレキテルも土用の丑の日もなかったかもしれません。後世の人がなんといおうとも、源内のキャリアアップは絶妙に成功したと考えられます。

図14に組織内と自立の両方をうまく生きた源内の実践内容を示してみました。何らかのヒントが得られることをでしょう。

図14 組織内と組織外における源内の知恵と実践

	一般的なメリット（＋）・**デメリット**（－）	**源内の知恵**（組織との関係）
組織内におけるポイント	＋：人、モノ、金、技術、情報、信用力などが大きい。トップの指示があると動きやすい。 －：新しいことを行なうときに、動きにくい（組織は既存事業体制の官僚的体質である）	・～33歳まで：高松藩との雇用状態（27歳までは直雇用、33歳までは比較的自由な殿様ご用役） ・34歳～：幕府との間接雇用（田沼意次の知恵袋） ・秋田藩、仙台藩などへのコンサルタントとして活躍するとともに信用度の高いネットワーク維持
独立時におけるポイント	＋：新しいことを行なうときに、自由に最適化を試行錯誤できる －：実績がないので、人、モノ、金、信用力などすべてゼロスタートとなる	・27歳で一度辞表を提出することにより、藩からのある程度の自由度を確保。幕府はじめ他藩との交流の可能性を開いた ・34歳で完全独立による、実践の自由度を得た ・才能のある、革新度の高い各種人材との交流、ネットワークの確保

3 「風流志道軒傳」と「解体新書」——シナリオとネットワークについて

世の中に存在しない仮説と仲間をつくることはイノベーターの基本能力です。そのためのイノベーターの条件として、シナリオつくり、ネットワーキング能力があるのです。この切り口で源内の業績を検討していきましょう。

▼シナリオライターとしての能力と成果——江戸版ガリバー旅行記『風流志道軒傳』

源内には、江戸版ガリバー旅行記と呼ばれる作品があります。『風流志道軒傳』（図15）です。SF冒険譚のはしりの傑作といわれ、江戸時代から明治まで100年以上庶民のベストセラーでした。

この作品は、主人公が巨人の国、小人の国、長脚国、愚医国、いかさま国などを旅するものです。江戸庶民の夢物語として明治まで継続的に評判を呼びました。その奇抜な世界のイメージは、錦絵に描かれ、歌舞伎や芝居の出し物に流用され、さらに大衆娯楽街「浅草奥山」の細工出し物「生人形」にもリアルに表現されていきました。

内容はまさに奇想天外です。江戸時代にこれだけの日本各地、また世界各地の情報をもち、さらに新しい発想と想像力を掻きたてることができたということは、特筆に価します。シナリオライターという資質としても評価できます。

この本が源内のキャリアのなかで重要なのは、33歳での脱藩後、自立していくなかで最初に出した本だからです。ほぼ同時に『根南志具佐』も出ていますが、同時進行的に書かれたのでしょう。

▼ネットワーカーとしての源内

平賀源内は、もともと本草学者として高松藩にいるころから優れたネットワークをもっていました。江戸

図15　平賀源内の風流志道軒傳

哉今題數語聊為山人鮮
嘲雖獲阿好之謗所不辭
也癸未冬日
獨鈷山人撰

に出てからも、そのネットワークを維持しつつ薬品会を開催、さらにそのネットワークから実際のアライアンス（協力関係）に展開することが多かったのです。

鎖国の時代に長崎に行き、世の中の動き、オランダの各種物品、図書にじかに触れ合った体験は、この時代の、いわゆる蘭学者群像のなかでもかなり貴重だったことでしょう。

ここでは杉田玄白の『解体新書』（**図16**）とのかかわりについてふれてみます。源内の生きた江戸中期は、ちょうど蘭学医術の黎明期であり、前野良沢・杉田玄白らによる『解体新書』の翻訳作業の真っ最中でした。

その作業では、大量の図版を原本『ターヘル・アナトミア』から写し取る必要があったのです。『解体新書』本文の翻訳がほぼ完成した段階で、源内は解剖図の画家を捜していることを知らされました。源内はすぐに自分の弟子である小田野直武（次項参照）を紹介、完成させたのです。

このように、源内は『解体新書』にも因縁があり、日本学術史上記録的な仕事をプロデュースしたというわけです。

図16　『解体新書』と小田野直武の挿入画（平賀源内顕彰会）

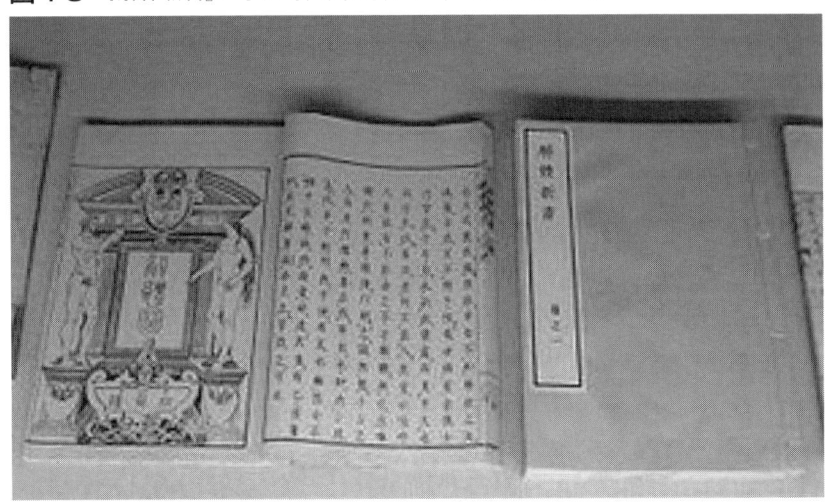

図17　小野田直武「東叡山不忍池」（1770年代、秋田県近代美術館蔵）

4 絵画と源内——日本最初の西洋画（蘭画）と浮世絵との関係

秋田の佐竹藩が源内を鉱山技術者として招聘した話は、すでに述べています。このとき源内が阿仁銀銅山に向かうため途中の角館城下に泊まった際、宿となった家にあった屛風絵にいたく感心したところから「**秋田蘭画**」が始まります。

絵の作者の**小田野直武**（おだのなおたけ）（**図17**）をただちに呼び、「お供え餅を上から描いてみなさい」と描かせました。単純な二重丸を描いた直武に「それではお盆なのか餅なのかわからない」と言い、立体感をだすための陰影法や遠近法を教えたという話が残っています。

平賀源内の多彩な才能はいわゆる絵画部門においても発揮されています。西洋画は当初、蘭学の一分野として輸入されたのです。源内が洋書の挿画の模写などを通して広めたといわれるため、源内が日本の洋画の生みの親という人もいます。また浮世絵の多色化、孔版画とも関係しています。源内にもその才能が天賦の才能としてあったといっていいでしょう。彼自身も西洋婦人像（**図18**）を描いているのは有名です。

浮世絵を派手に多色化した**東錦絵**（あずまにしきえ）は、後の写楽や北斎などの浮世絵全盛のきっかけになります。この錦絵の始まりは1765年、鈴木春信・画の「暦」だといわれていますが、この春信は平賀源内の近所に住ん

図18 平賀源内作の西洋婦人像画

でおり、仲もよかったのです。弟子の司馬江漢は源内の弟子でもあり、かなりの影響を与えただろうといわれています。
おもしろい逸話として「**見当（けんとう）をつける**」といいかたがあります。浮世絵にかぎらず、多色刷りの場合には重ね合わせの技術が必要になるわけですが、この見当をつける方法は源内のアイデアだといわれています。現代のハイテク技術といわれる半導体プロセス技術の基本も重ね合わせ技術ですが、まさに見当をつける源内にまでさかのぼるかもしれません。

5 破魔矢、ライター、源内グシ――これら庶民の道具を発想したのも源内

江戸庶民の生活に関連していくつかの伝説や事実が伝わっており、それらもまとめて紹介しましょう。
まずは**破魔矢**とのかかわりです。神社関連の書き物でも有名なのは、浄瑠璃「神霊矢口渡」です。これはもともと、武蔵新田（現在の東京品川区）にある**新田神社**（新田義興を祭る）の話で、そこがいわゆる源内考案の破魔矢の発祥の地といわれています（図19左）。
源内は境内の竹で厄除招福・邪気退散の「矢守」を作り、広く御祭神の御神徳を仰がしめることを勧めました。これが破魔矢の元祖であるといわれます。
次に、安永元（１７７２）年、源内はゼンマイを使用することを思いつき、火打石と鉄を用いたもぐさや煙草用の点火器を発明しました。**日本最初のライター**といわれるもので、「刻みたばこ用点火器」といわれています。
これはゼンマイバネを使用して火打石に鉄をぶつけます（図19右下）。内蔵された「もぐさ」に火打石と鉄片とのぶつかる時の火花を飛ばし着火させる方式です。
いわゆるライターの世界的な発明は意外に新しく、源内から１５０年後の明治39（１９０６）年に、ミッ

シュメタルと呼ばれる鉄とセリウムの合金が火打石よりも強い火花を出すことをオーストリアの化学者が発見し、発火石として使用しました。原理は源内発明といっしょです。

源内櫛（げんないぐし）（**図19右上**）、源内の晩年にあたる49歳のとき（1776）、売り出されたという記録があります。もともとは菅原櫛（すがわらぐし）と呼んでいたようです。菅原とは菅原道真に関わる梅鉢の紋様が装飾で付いており、たまたま平賀家の紋も梅鉢だったからだそうです。

高価な香木の伽羅の木を使い、金や銀輪のフレームを施したものです。絵模様を刻んで象牙やべっこうの歯をつけたものもあり非常に贅沢な品でした。

源内は、当時の吉原一の売れ子おいらんにこれをプレゼントすることを思いつきました。髪に挿させて宣伝し、大評判をとったと伝えられています。

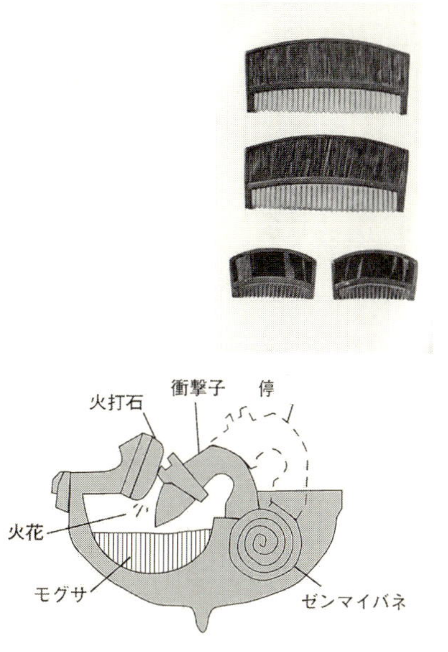

図 19 正月の破魔矢（左）とライター（右下）、源内櫛は源内の発明

6 土用の丑の日のうなぎ——コピーライターとしての作品

平賀源内は、「丑の日のうなぎ」を考案し広めた人としても知られています。実際に話題性としては抜群で、いくつかの伝説があります。

その検証は難しいところがありますが、源内の書いたものが当時の江戸庶民の社会生活に影響を与え、現在まで継続利用されているという、まさにイノベーター源内の面目躍如です。

源内は「土用の丑の日に鰻を食べ、夏バテを防止する」という発案をしました。日本におけるコピーライターのはしりとも評される理由がこれです。

鰻（天然物、当時は養殖物はない）は冬が旬なので、夏場の売り上げ不振対策に、平賀源内が考案した広告（引き札）が元になったという説が有力です。

日本において鰻は、奈良時代から強壮の食品とされてきたといわれます。あの『万葉集』の中でも、夏バテに鰻という大伴家持の歌が知られています（「石麻呂にわれもの申す夏痩せによしといふ物ぞ鰻とりめせ」）。

江戸期においても、各種のガイドブックに、江戸の名物の一つが鰻の蒲焼屋であることが紹介されています。

源内自身も江戸前の鰻には特にこだわりがあったようで、いくつかの著書でも江戸前の鰻こそが美味であるとしています。源内の当時のベストセラー『風流志道軒傳』でも、「江戸前の大かば焼き」などと表現しており、その思い入れがうかがえます。夏場に不足しがちな活力源（ビタミンBを含む）として最適です。

薬の知識が豊富な本草学者の源内ですから、蒸し暑さでは熱帯以上の江戸の夏バテに鰻が効くという基礎認識からして意味のあるコピーだったので、その迫力も増したことでしょう。

第5章　エレキテル！

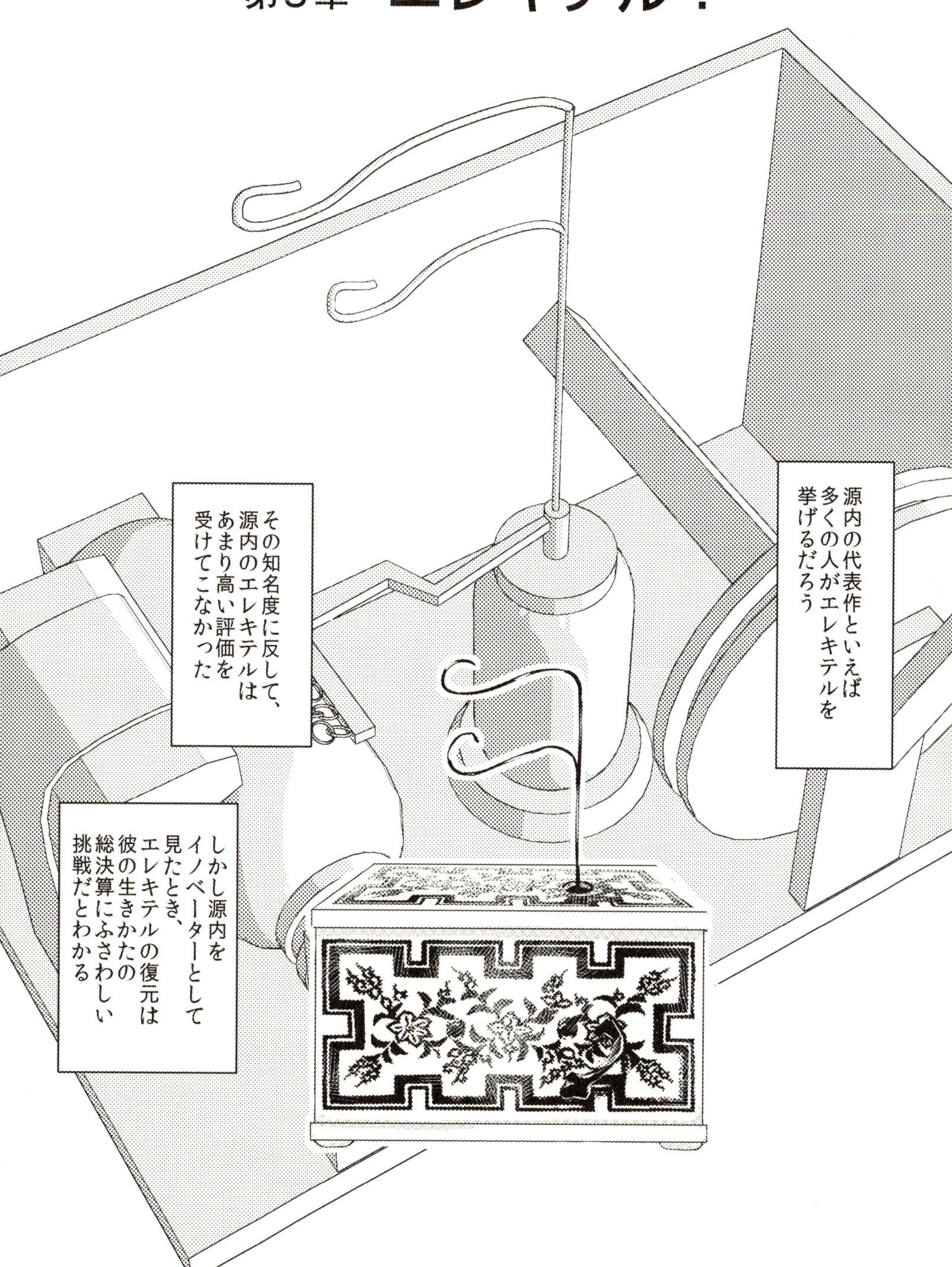
源内の代表作といえば多くの人がエレキテルを挙げるだろう
その知名度に反して、源内のエレキテルはあまり高い評価を受けてこなかった
しかし源内をイノベーターとして見たとき、エレキテルの復元は彼の生きかたの総決算にふさわしい挑戦だとわかる

一七七二年夏
(源内四四歳)
江戸・深川
ミーン
ミンミンミンミ
ごめんくださあい
ミーン

源内さん
平賀源内さんは
いないかな
ミーン
ミン
ミン
ん……
呼んでも答えがないと
思ったら……

またなにか面白いものでも
見つけたのかい
おお杉田玄白殿
これは失礼しました

なんだねそれは南蛮の膳かい？
玄白
いえいえこれは『えれきてる』なる南蛮の機械
出島に行ったときにもらったのですよ
この装置で『えれきてりせいと』なる雷の元素を作るそうです
南蛮人はこれを医療の道具につかっているのだとか
この小さな箱から雷がでるのかね？
にわかには信じがたいね
ちょっとやってみてくれよ源内さん
いやいやそれがですな
ポリポリ

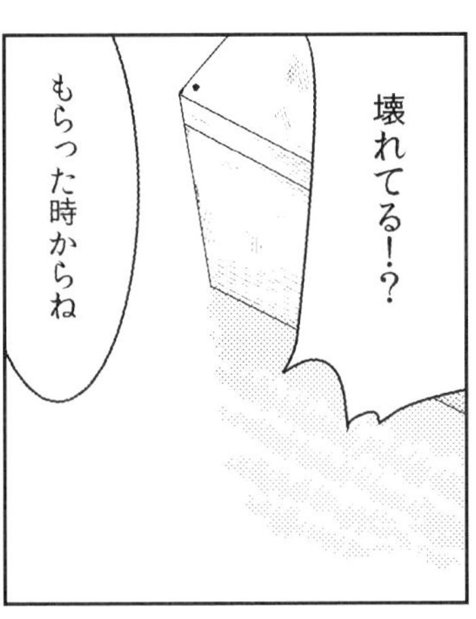
壊れてる!?
もらった時からね

どうしたものやら
見当もつかないのですよ
まいったまいった
見当もつかないって
まさか……

これをどうやって
直すのか……
わかりません!
どんな部品が
使われているかなど……
謎だらけです!
せめていかなる原理で
雷が起こるかくらいは……
皆目見当も
つきません!

それでどうやって
直すのだね!?
はっはっは!

なにをおっしゃる玄白殿
あなただって
蘭語を知らないのに
「ターヘル・アナトミア」を
訳そうとしたではないですか

分からないから
おもしろい
長崎でこれを
見かけてより
ずっと――

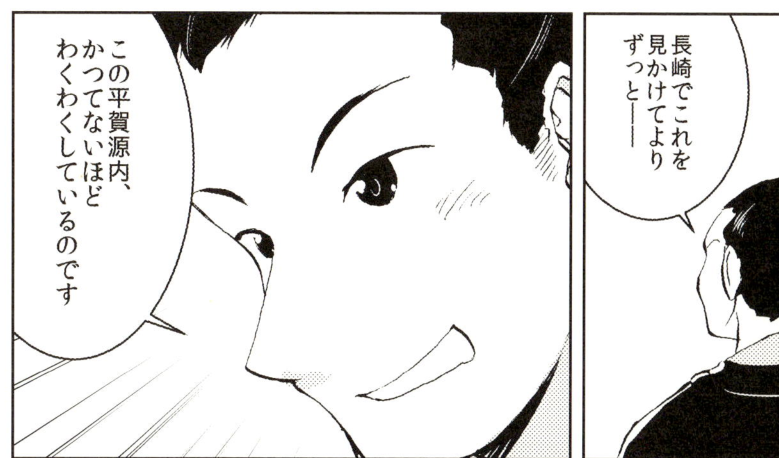
この平賀源内、
かつてないほど
わくわくしているのです

エレキテルこそ
私の人生で
最大の成果に
なるでしょう！

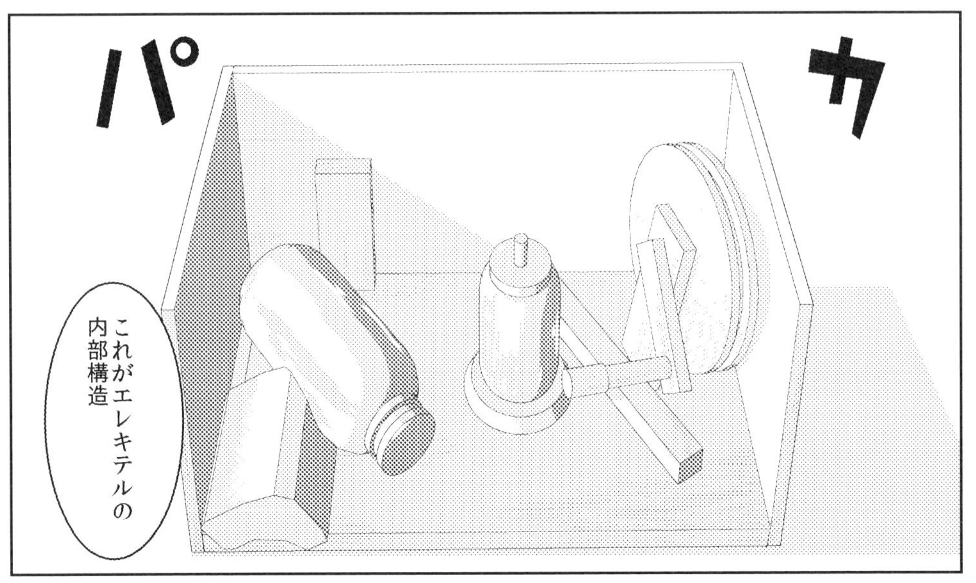
パ
カ
これがエレキテルの
内部構造

把手のついた車に
横倒しのガラスビン
鎖のついた
櫛のような器具

そして銅線のついた
ガラスのビンか
中にはいっているのは
ただの鉄くずのようだが

なんだ意外と
単純なつくりだな
これなら三か月で
できてしまいそうだ
ハハハ…

ザァァァァ
だめだ動かん！

何度やっても思いどおりにいかない
想像以上の難物だ

雷を出す銅線に
つながっている
ガラスのビン
おそらくそこに
雷を貯めこむのだろう

しかし何度
試しても
雷は起きない
十分に作れていないのか、
貯められていないのか

さっぱり
わからん!
今日の天気のように
ジメジメした気分だ

空ではあんな大きな雷が
起こっているのに
私は火花一つ立てられないか
ガッ
くやしいなあ

ザァァァ・・・

雷をおこすという
南蛮の装置は
完成したのかい？
う……む
じつはもうずっと
放ったままなのです

どうも奇妙な
手ごたえでしてね
正しく直したのに
正しく動かない
という気がして
ならないのです
ふむ？
まるで
謎かけだね

源内さん
そこの下にある鍋を
取ってくれんか
これですか？

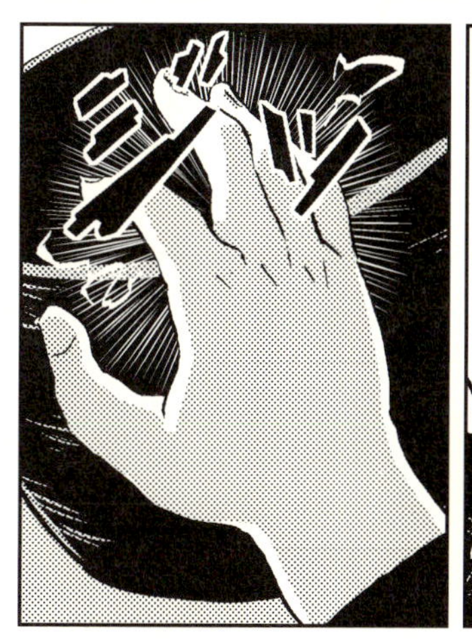

バチィ
あいたあっ！

なんだいお客さん
カマイタチに
やられたか
か　かまいたち？

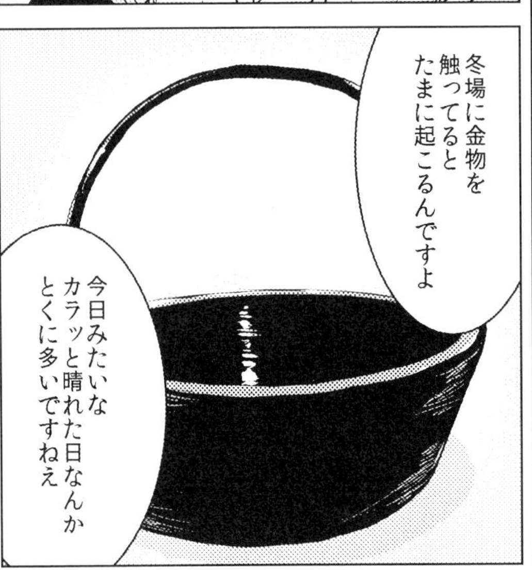
冬場に金物を
触ってると
たまに起こるんですよ
今日みたいな
カラッと晴れた日なんか
とくに多いですねえ

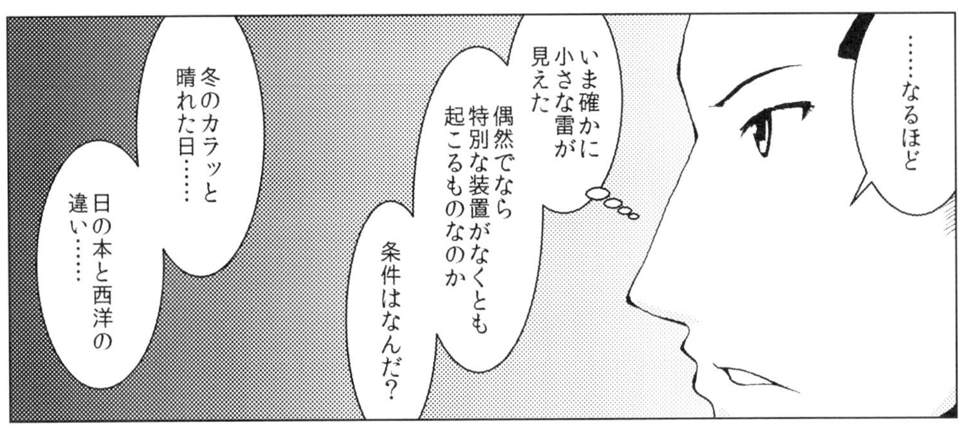
……なるほど
いま確かに
小さな雷が
見えた
偶然でなら
特別な装置がなくとも
起こるものなのか
条件はなんだ？
冬のカラッと
晴れた日……
日の本と西洋の
違い……

気候……！
日本と西洋では
気候が異なるゆえに
エレキテルが
正しく動かないとしたら……！

ダ
あっ？

源内さん!?
どこに行くんだい!?
急用を
思いつきました！
こうしちゃいられん
はやくとりかからねば！

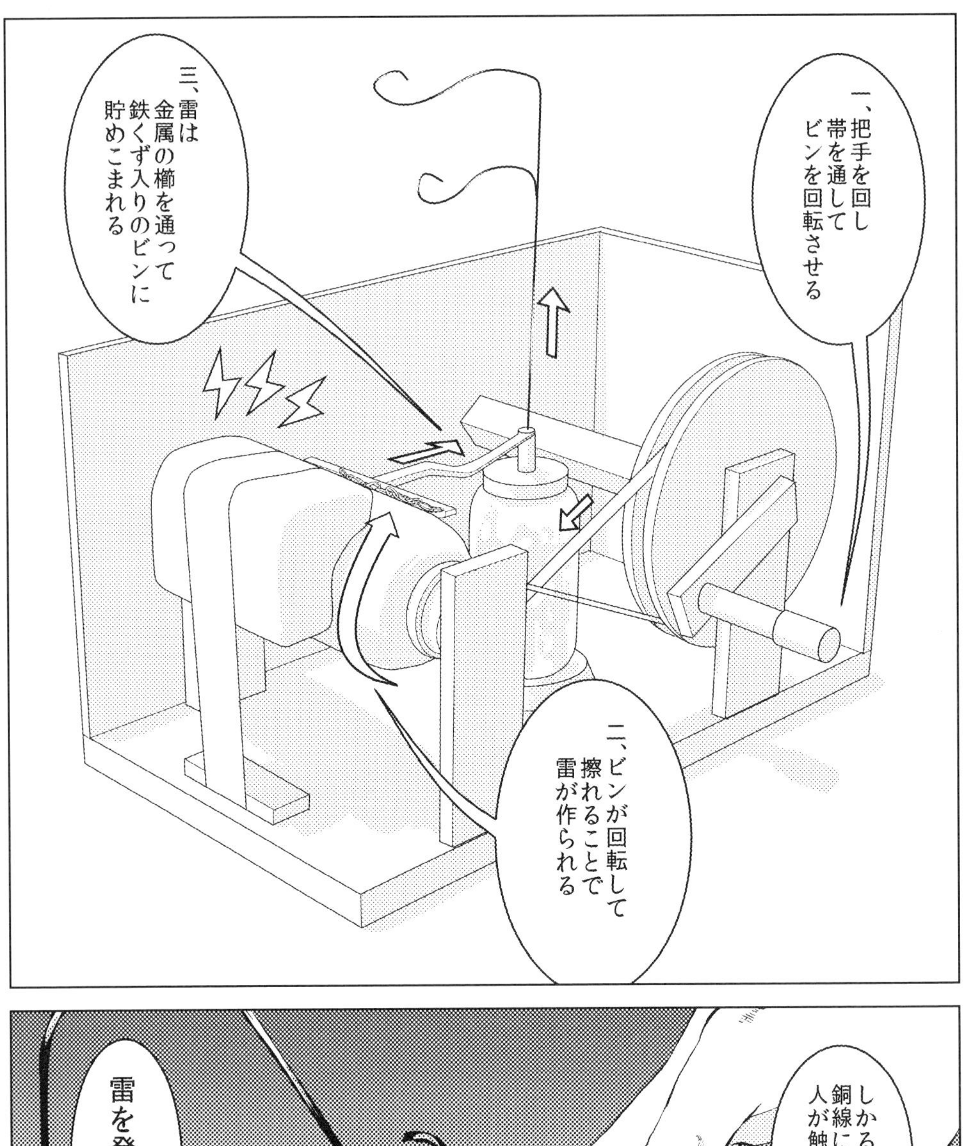
一、把手を回し
帯を通して
ビンを回転させる
二、ビンが回転して
擦れることで
雷が作られる
三、雷は
金属の櫛を通って
鉄くず入りのビンに
貯めこまれる

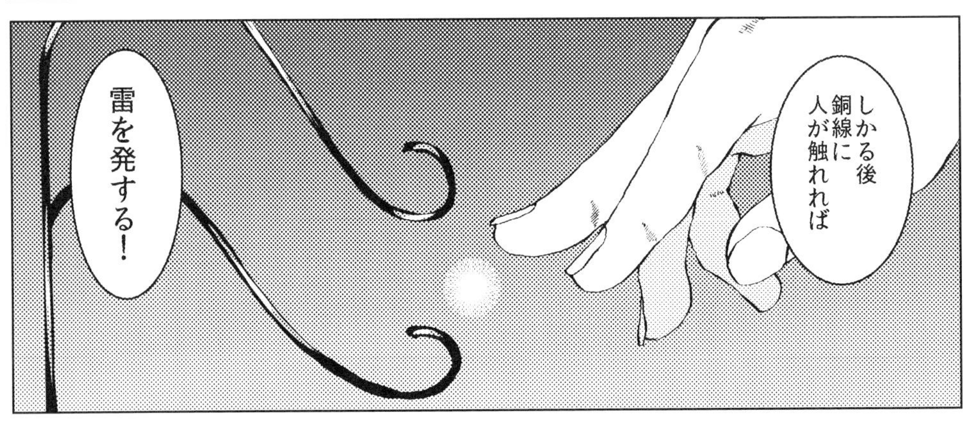
しかる後
銅線に
人が触れれば
雷を発する!

原理はこれでいいはず
設計は一からやり直しだ

これまではエレキテルを再現することが目標だったが
新しいエレキテルは違う

日本の気候でも動くエレキテルをつくりあげる！
再現ではなく改良するのだ

そうと決まれば話は早い
ふふふ改良案が次々と浮かんできたぞ

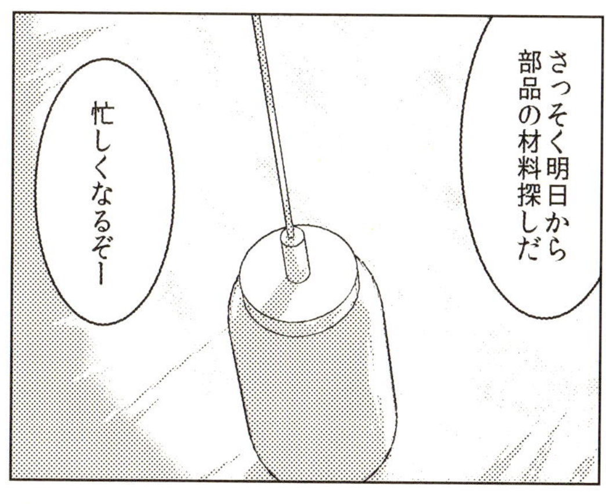
さっそく明日から部品の材料探しだ
忙しくなるぞー

こうして
源内エレキテルの
製作がはじまった
これと
同じものを
作るんで？
うむ

なんだ源内さん
畑でも作るんですか
ガチャ
ガチャ
ちょっと
金物を集めて
いてね
ここには金箔が
貼られているのか
鉱山の知り合いに
分けてもらえないかな

グルグル
まだ
動かないか
次こそは
成功させるぞ

これがお探しの洋書です
助かるよ
ビンの土台にもなにかこびりついているな
これはヤニか?

また失敗
ええい次こそ
この間書いた浄瑠璃の脚本が評判良かったぞ
生活費も稼がなければ

ただ発表するだけでは風情に欠ける
見栄えにも凝らなければな
うわさになるような話題作りも必要だ

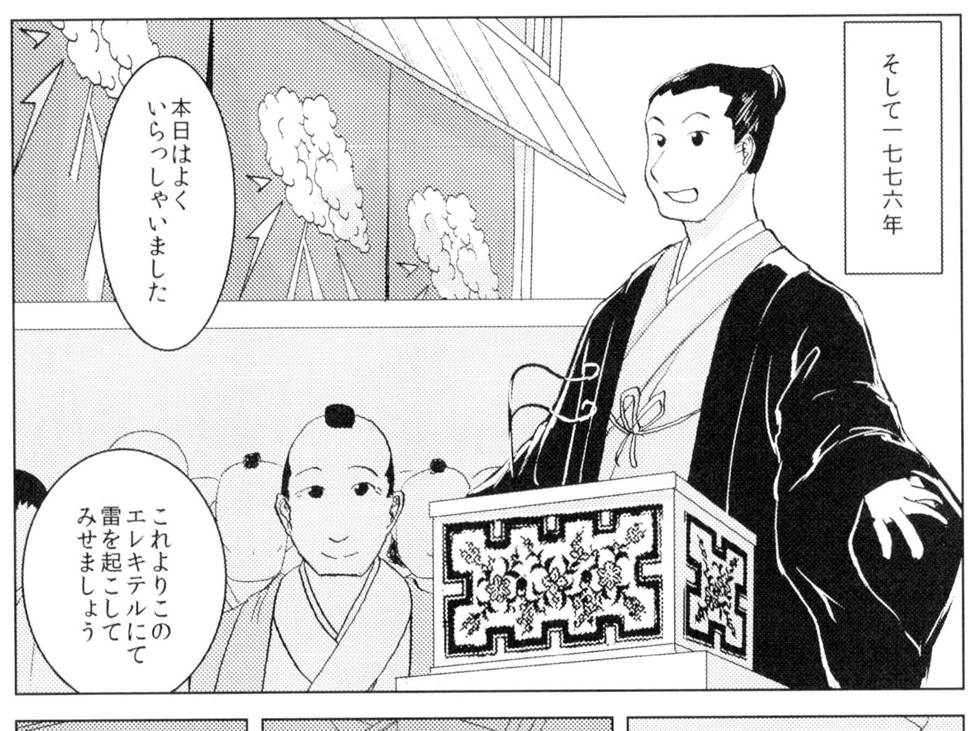
そして一七七六年
本日はよく
いらっしゃいました
これよりこの
エレキテルにて
雷を起こして
みせましょう

グル
グル

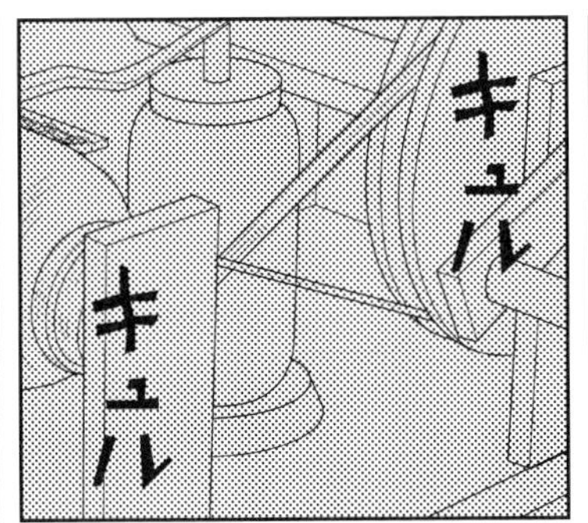
キュル
キュル

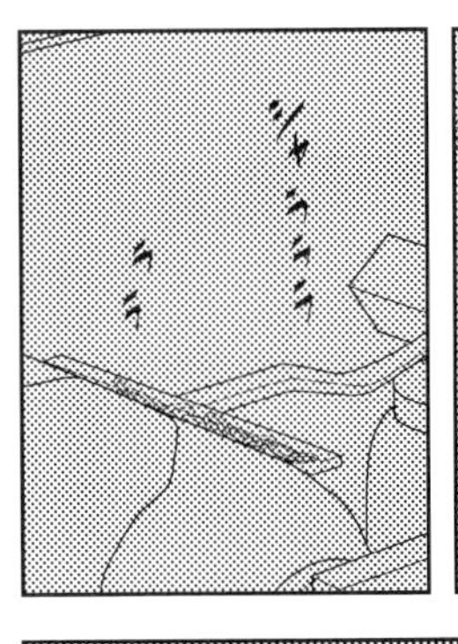
シャキキキ
キキ

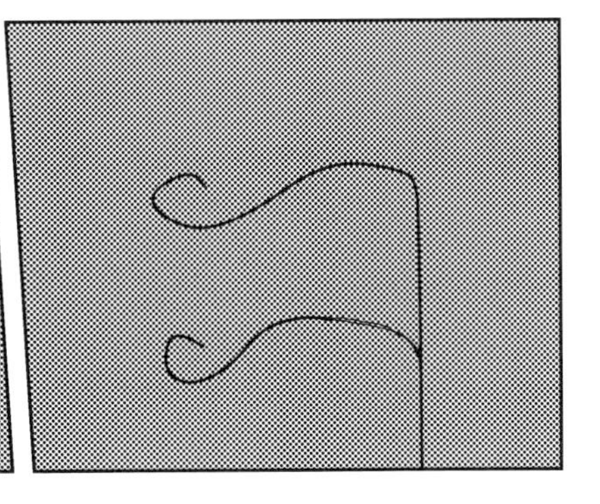

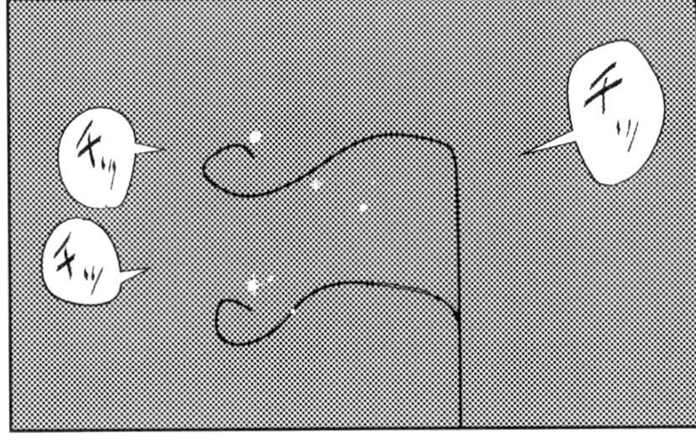
チッ
チッ
チッ

バシイッ

雷だ！
おおっ
たしかに雷が見えたぞ！

もう一度見せてくれ！
ざわざわざわ
その箱のなかに雷がはいっているのかね!?
まあまあ落ち着いて
それではもう一度だけ
バシッ
おおーっ

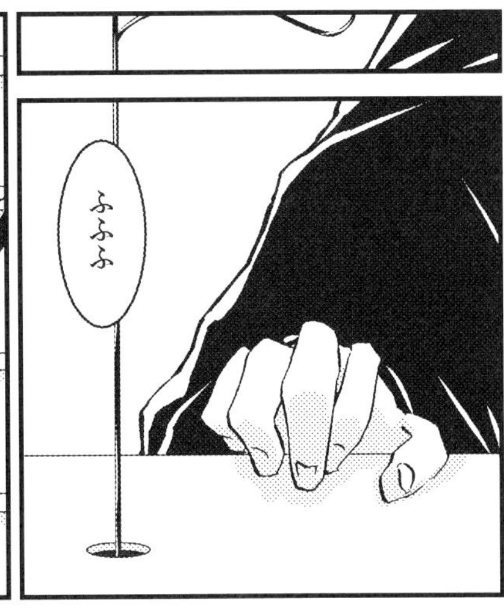
ふふふ

見たか空よ
私も雷を起こすことができたぞ

えれきてるを
見たのですか!
もちろん
通人としては
見ておかなくてはね
ううん
うらやましい

田沼意次様の
お妾が治療に
使われたとか
へえーっ
そんなに
すごいもの
だったのか

源内のエレキテル興行は
高額な見学料を払ってでも
見たいと申し込みが殺到した

壊れたエレキテルを
手に入れてから七年、
源内の執念はついに実った

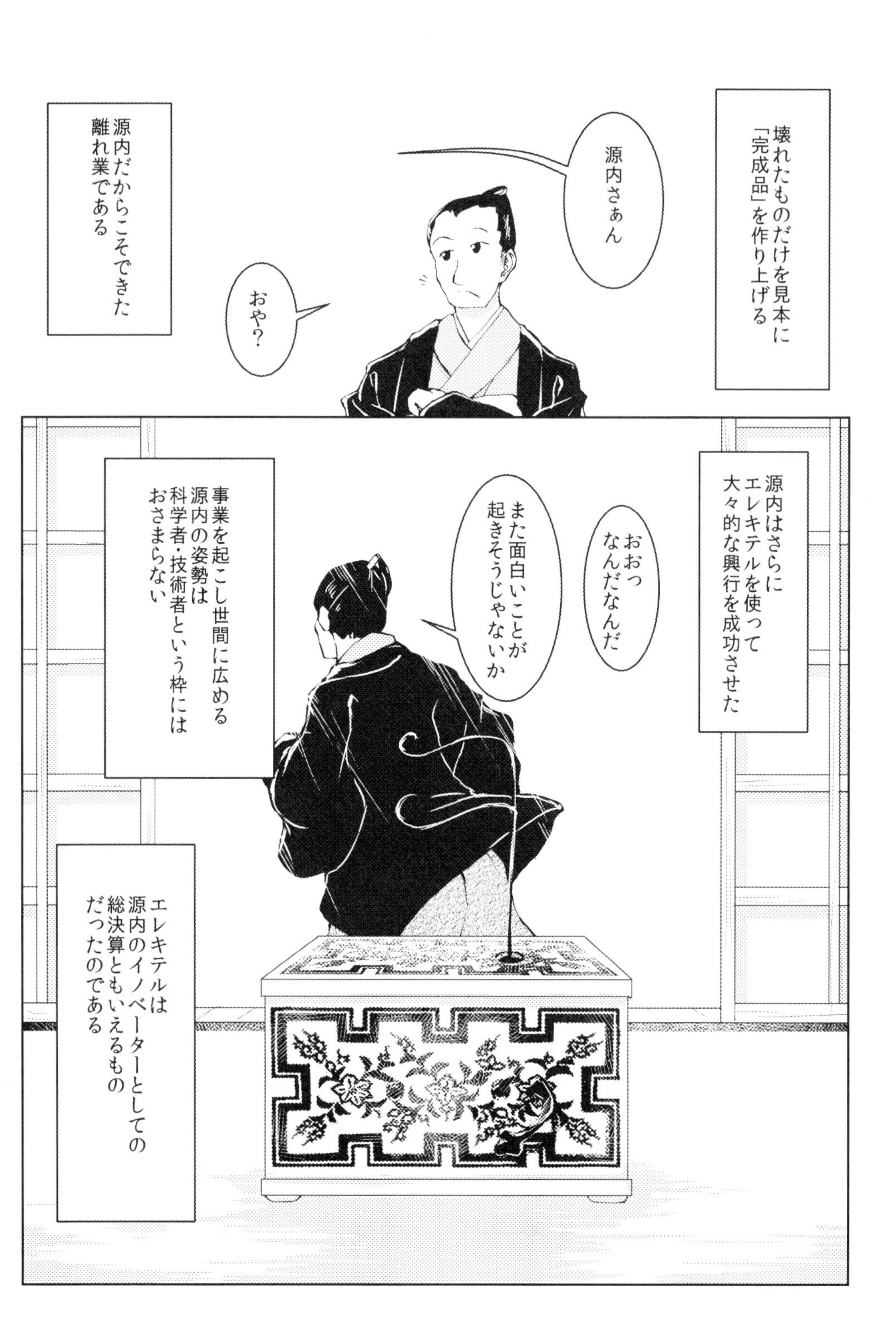
壊れたものだけを見本に「完成品」を作り上げる
源内さぁん
おや?
源内だからこそできた離れ業である
源内はさらにエレキテルを使って大々的な興行を成功させた
おおっなんだなんだ
また面白いことが起きそうじゃないか
事業を起こし世間に広める源内の姿勢は科学者・技術者という枠にはおさまらない
エレキテルは源内のイノベーターとしての総決算ともいえるものだったのである

第6章　現代に生きる源内〈解説編〉

1 源内のイノベーションの方法

平賀源内は未来へのビジョンを構築し、その未来からロードマップを描くという抜群のビジョン力を持っていました。

イノベーションとは、単に新しいことやモノを考え出すというだけではなく、価値となるものが実現されなければなりません。そのためには試行錯誤は付きものであり、失敗を恐れていたらイノベーションは起こせないのです。

源内が江戸時代中期に行なったイノベーションの実践的な方法論をまとめてみます。基本には、知恵を出さなくては、日本から貴重な資源がどんどん流出して貧乏になってしまうという、環境に対する敏感な認識がありました。それは現在の日本にも通ずる、日本人がもっていてしかるべき危機感といっていいでしょう。

ここには、技術のマネジメント手法として知られる具体的な方法論が並んでいます。

図21に、その内容をMOT（技術経営）手法を用いて分類して整理してみました。

いままさに日本が必要としているのは、源内のような問題意識を持ち、失敗を恐れず、果敢にさまざまな技術を活用して試行錯誤をするということではないでしょうか。まさにイノベーターの精神・実践意識です。

源内は、技術知識などが乏しい時代に、それらを成し遂げるベースを切り開いたといえます。

図21 イノベーションのマネジメント基本力と源内の知恵

イノベーションのマネジメント基本	源内の実践と知恵	ポイント（MOT 視点での解説）
イノベーションの動機、志の力	・長崎世見た日本の資源などの流出、日本の弱体化を食い止めたい	・危機感と環境変化への対応力
技術の基本力（ハイテクとローテク）	・本草学をベースに体系化された基本と、長崎で学んだ蘭学というハイテクを組み合わせる	・基盤技術と先端技術をうまく組み合わせるマネジメント力
市場へのマーケティング力	・金持ち商人、殿様、大名などのニーズを知るとともに、大衆の欲求も熟知する	・キャズム理論（階層別ニーズへのマーケティング戦略）の実践
プロジェクトのマネジメント力	・自分でもできることをベースに実作業は職人などと組んでプロジェクト化	・イノベーション型の双方向マネジメントの実践
アライアンス展開力	・さまざまな相手を巻き込んで、実際の展開を行なっていくことに優れる	・他組織をうまく使い、しかし取り込まないのがポイント
ビジョンとロードマップ構築力	・俳句などで鍛えたシナリオ構築力、後年は戯作などでも威力を実証	・未来を創り、未来から考えるというビジョン、シナリオ力
実践力・起業家精神	・何でもすぐに始めて、あきらめない実践力と始めてでも躊躇せずに挑戦し継続する実践力	・皆の（世の中）のためになることを一番に挑戦するのが起業家精神

2 学生の気づき——早稲田大学理工系学生向け講義の感想から

筆者は香川大学や早稲田大学で、イノベーションの講義を行なっていて、イノベーターの典型的なモデルとしての平賀源内を紹介しています。

講義では、源内の考え方や生涯を評論するのではなく、現代に生きる社会や自分たちに役立つ実践と知恵を抽出し、それを活用することを重点にしています。

例えばイノベーションを実際に起こす条件として、源内の持つ、①志と情熱、わくわく感、工作・工夫力、②注意深く観察し記録、人より早い研究力、③最先端の情報を得てそれを再現する技術開発力、④プロデュース、ネットワーク構築力、⑤組織の活用と実力者へのシナリオ構築・説得力、⑥何でも興味を持ち失敗をいとわない不屈の挑戦力などを挙げたりします。

早稲田大学理工系学部の20代学生122人（男性90人）を相手に、源内の講義についてアンケート結果をまとめてみました（**図22**）。

図22 学生への質問とアンケート結果

質問	主要な答え（人数）
Q1：平賀源内を知っていたか？（認知度）	全く知らない人が21人、名前だけ知っている人と合わせると半分の人が知らない（半分は名前は知っていた）
Q2：知っているとすると、どのような業績・人物像で知っていたか？（複数可）	よくしっているのが3名、知っていてもエレキテル（50名）や文系作品だけとなる。
Q3：講義により何が判った・気づいたか？	講義を聞いての印象についてはほとんどの学生が肯定的であり、「新しいこと」をする場合に好奇心（技術以外も）重要性は63名に及ぶが、何よりも江戸時代にこのような人がいたことに多くの学生（25名）が驚いたと答えているのが興味深い。
Q4：今後への希望、こうしたら（要望）	もっと早く平賀源内の存在や業績を知りたかったということが、23名、イノベーターのモデルとして参考になったのが24名となっている。
Q5：平賀源内の活躍での印象に残ることは？（エレキテル以外）	文系全般が23人でトップ、ライター20人、あとは竹とんぼ、寒暖計、量程器、源内焼、風流志度軒伝など

学生の反応は前向きでしたが、講義前はほとんど名前しか知らない状態でした。日本全国の中高校生が源内の話を聞く機会があれば、将来の日本を支える、イノベーションや起業家精神などについて、具体的なイメージをもてるでしょう。

3 源内の3つの墓のなぞ、志度、台東区、鞆の浦

平賀源内の墓は、日本全国に生祠(いきばか)を含めると3箇所あります(**図23**)。

まずは**東京**、獄死した場所のそばの台東区です。その墓の横には杉田玄白が碑を建て、「嗟非常人、好非常事、行是非常、何死非常」(ああ非常の人、非常のことを好み、行ないこれ非常、何ぞ非常に死するや)と記してあります。ちなみにこの墓標は、現在も直接読むことができる歴史的遺産となっています。

昔はここにお寺があったのですが、寺の移転話のときに、墓標と碑だけは残ったという代物です。のちに墓の移転話のときに開けてみたら、骨壺の中は空だったとかで、源内の生存説とからんでミステリーにもなっています。

故郷の**香川県さぬき市志度**にも、立派なお墓があります。それは四国札所めぐりでの、第86番札所の志度寺の構内にあるお墓です。ただし、ここにもお骨はありません。

広島県の**鞆浦**には平賀源内生祠があります。美麗な鞆港を見下ろせる医王寺参道の途中です。1752年、若き源内は長崎に遊学して故郷の讃岐への帰途、鞆の浦で陶土を発見し、そこの主人に陶器造りを伝授しました。本気か冗談かは不明ですが、うまくいったら自分の生祠を作って祀れといったのです。

その家では、源内の言葉で土の価値に気づき、鞆の浦の鍛冶の火床や壁土の原料としてその陶土を販売し、しこたま儲けたようです。これは源内のおかげと、石塔を建てたものが、今に伝わっています。

そのようなことを言い残した源内もすごいですが、実際にその言葉を守って生祠を作った地元の人(溝川家)もすごいですね。

鞆の浦に残っている源内生祠

図 23　源内のお墓：志度（左）と東京（右）